台灣鐵路千公里

完全版

宮脇俊三

譯——陳介
審訂——古庭維

推薦序

日本鐵道紀行作家的台灣千公里旅路

洪致文
師大地理系教授．鐵道研究者

日本知名鐵道紀行作家宮脇俊三的這本《台灣鐵路千公里》，居然在這麼多年後能於台灣正式翻譯出版，一直到現在，我都還為此感到相當興奮！

當出版社的編輯跟我聯繫，告訴我他們拿到宮脇俊三的《台灣鐵路千公里》著作授權、將在台灣出版時，我內心著實雀躍了好幾天。因為這本書確實是很重要的一九八〇年代台灣鐵道紀行著作，且正出自日本重量級的鐵道文學作家宮脇俊三之手。

對於日本的鐵道紀行文學有些了解的讀者，一定會知道宮脇俊三是這個領域舉足輕重的人物。他所開啟的鐵道紀行文學創作，帶動了一種新的鐵道旅行趣味與嗜好。而或許，這一切都要從他最重要的第一本著作《時刻表兩萬公里》（時刻表2万キロ）說起。

一九七〇年代，宮脇俊三開始了一項相當驚人的計畫。他大約一個月安排一次鐵道旅行，目標是要把當時日本國鐵的路線全都搭乘完畢。這樣的目標其實花費了數年的時間，直到一九七六年，他才終於完成「國鐵全線完乘」的壯舉。而後，他將這段經歷寫成了《時刻表兩萬公里》一書，在一九七八年出版。

這本書推出後，獲得了讀者廣大迴響；緊接著，他又策劃了另一項也很有名的鐵道旅行寫作，那就是《最長的單程車票之旅》（最長片道切符の旅）的企劃出版。由於日本國鐵的路線非常綿密，這個最長單程車票的玩法是只要同一個車站不通過兩次，便可以持續不斷地以「中途下車」的方式繼續行程。宮脇俊三當時買的車票有效期限一共六十八天，票價六萬五千日幣，起點是北海道的廣尾，終點則是九州的枕崎。他用這張車票開始了一段從北海道到九州的鐵道旅行，並將整段旅程記錄下來，完成了《最長的單程車票之旅》這本書。

這兩本宮脇俊三的代表作，一本記載了他如何搭完當時國鐵全部的路線，另一本則是利用一張最長的單程車票，完成從北海道到九州的鐵道旅行。兩本書徹底展現出宮脇式的鐵道旅行特色，那就是「透過縝密的時刻表查詢與時間安排，非常有效率地以搭乘完鐵道路線為目標」。在這樣的旅行安排中，目的地的觀光一點都不重要，因為搭乘火車本身就是旅行最重要的目的，而宮脇俊三詳實地記錄這些搭乘的過程，也成為他的鐵道紀行文特色。

宮脇俊三完成了這兩本鐵道代表作之後，在一九八〇年開始了第一次海外鐵道紀行文學的取材，目的地正是台灣。他用在日本的鐵道旅行規劃方式，以非常短的一週時間，在一九八〇年六月到台灣搭完了所有鐵路的客運營業路線，而記錄了這段過程的，就是這次在台灣翻譯出版的《台灣鐵路千公里》。對於後來還寫了韓國、庫頁島、中國、印度、歐洲等許多外國鐵道紀行專書的宮脇俊三而言，《台灣鐵路千公里》可以說是他第一本專門為了海外鐵道旅行所寫的書，是他踏出日本鐵道「舒適圈」、第一個挑戰的外國鐵路之旅。

為了中文版的翻譯出版，這些日子我又重新仔細讀了這本《台灣鐵路千公里》。這才發現，宮脇俊三先生果真是以一種沉浸的觀察旅行者態度在記錄鐵道旅程中的點點滴滴。他完全沒有太多的事前研究，也沒有太多事後的歷史資料考證，唯一詳讀、細讀與安排的，就是時刻表。

在書裡，我們可以看到宮脇俊三對於顏色的分辨、理解能力其實並沒有太精確，因此他對自強號電聯車的塗裝顏色描述，跟實際狀況就差別非常大。從另一個方面來看，他對鐵道車輛的研究也僅止於非常表面的理解與想像；有趣的是，在他的文章中卻又會相當仔細地描述車廂內的情況，讓我們能夠理解他搭乘的是什麼車。例如他曾經提到在某個車廂內看到對坐式的座椅，車門邊卻又有長條椅，猜想這樣的車廂應該是日本製造的，就跟日本近郊通勤車一樣，所以覺得很有親切感。但透過他的描述來推敲，台鐵曾經出現過的這種鋼體通勤客車其實只有一種，就是如今大家熟知的「印度仔通勤客車」。因為某些歷史的陰錯陽差，印度製造了這批日本風的客車，騙倒了對車輛歷史並不熟悉的宮脇俊三，讓人讀著讀著，腦海中不禁浮現他坐在門邊長條椅上記錄下這一切的有趣畫面。

此外，宮脇俊三對於路線的閱讀跟時刻表的理解，往往也都是用日本的角度來思考，因此在書中特別提到竹南的山線、海線分歧點時，他期待看到的可能是某種立體交叉，但事實上直到現在，台鐵在竹南這邊的山線、海線分歧點從來都沒有立體化，也就不可能有宮脇俊三所期待的景象。

他在書中還會很仔細地記錄下旅行時看到的中文（例如一些公告），有些或許是抄寫錯誤，讓我們在閱讀時感到不解，也只能單方面推測他看到的是什麼意思。不過，當我讀到他在嘉義站看見阿里山鐵路隨時都貼著「車票售完」的公告時，也不免會心一笑，因為在我小時候，車站的售票窗口為了「避免麻煩」，常常也都是把「本日對號車票全部售完」的牌子掛著，省得還要應付民眾。但事實上，每天一定都會有人退票，也就一定還有一些剩餘的車票可撿，只是牌子掛起來就可以省事不用賣了，這便是當年台灣的樣貌——站方跟你說票都賣完了，上車卻看到車廂內整路空空很多座位啊！

這些經歷很有趣嗎？宮脇俊三描述的這段台灣鐵道旅行，對現在的人來講可能已經因為時代的落差而有所不同，但是他的文字卻鮮活地記錄下那個時代的特色。不要忘記，宮脇俊三是從鐵道運轉相對可靠穩定的日本來到台灣，因此在旅行中，常常可以看到無法依照他縝密時刻表安排的意外插曲——火車誤點、買不到車票、語言溝通造成的困難，通通寫在書中，而這些，就是他幫台灣在一九八〇年所記錄下的時代片影。

我很高興宮脇俊三的《台灣鐵路千公里》終於正式推出繁體中文版，這對我們理解那個時代台灣的鐵道旅行情況大有幫助。另一方面我也想到，宮脇俊三在書中曾經受到懷疑與不解，是由於當時的台灣並不存在日本這種純粹的鐵道旅行愛好者，他才會被當成很難理解的怪人。但如今在台灣，喜歡火車的人越來越多了，他可能不知道的是，很多人還是受了他寫的書所啟發。

如果宮脇俊三先生天上有知，還能再到現在的台灣來看看，或許將會有完全不一樣的想法。而他大概也沒想到，這本書會在日本出版四十多年後重新回到台灣翻譯出版，以中文的面貌與讀者見面吧！

推薦序

共乘文字的時光機，展開屬於每個人心中的台灣鐵道紀行體驗

國家鐵道博物館籌備處主任　鄭銘彰

宮脇俊三先生是日本鐵道紀行文學的代表作家，五十二歲登上文壇之前，曾經在中央公論社有二十七年的編輯資歷，擔任過月刊《中央公論》總編輯。一九七八年出道的成名作《時刻表兩萬公里》是他搭乘鐵道踏遍日本國鐵全線的記事，造成極大迴響。宮脇先生用流暢的文筆、宛如說話般地書寫鐵道旅行見聞，藉著知識人豐富的閱歷展現敏銳獨特的觀察，不需要用照片就能讓讀者隨著行腳的移動觸發共鳴。他把過去鐵道迷所歡迎的鐵道紀行，拓展成新的文藝創作類型，成就他獲頒一九九九年菊池寬獎，諸多暢銷書到今天仍受到讀者們

懷念，奉他為日本鐵道文學的「大御所」，在文壇享有相當的威望。

對作者有初步認識之後，閱讀這本一九八〇年出版的《台灣鐵路千公里》，便能領略到他如何用「宮脇流」一貫冷靜的觀點，細膩記載這趟台灣旅行。本書是他的第五部作品，首次海外鐵道紀行來到戒嚴令下的台灣，獨自一人搭乘鐵道用八天行程深入沿線各地，面對陌生的社會以及文化衝擊的情節更不在話下；或許是具備日本文化「一期一會」哲理的素養，宮脇先生在本書著重於人物百態及社會背景鋪陳，呈現異國風土人情的新鮮感，既便是距今四十四年的舊作，閱讀起來腦海中相當有畫面，乍看趣味之餘，也能在字裡行間看到文化反思的深層意涵。

宮脇先生抵台時間，縱貫線全線電氣化通車不到一年，各路線營運的車輛型式多樣繽紛，沿途風景大多保持原鄉的純樸，書中內容當然能滿足現代鐵道迷的各種懷舊期待，幫助解謎莒光號餐車、對號特快的臥車編組，引領我們見識到糖鐵北港到嘉義的五分仔客車、阿里山林鐵中興號柴油車的運轉英姿，神遊多條現在早已停駛的支線風光，更不能錯過他生動地描寫台東線軌距拓寬前「狹狹軌」光華號柴油車的飆速演出。這本書也是我和不分台日國籍的鐵道圈內友人的共同話題，不少人和我一樣，在看完原著之後躍躍欲試，仿效作者規劃，循著文字脈絡展開屬於每個人心中的台灣鐵道紀行體驗。

盤點研究台灣鐵道與文化關係的議題，是國家鐵道博物館籌備處的任務，日後的常設展規劃，鐵道文學將是其中的展示題材。本書反映當年鐵道實況與社會現象，在籌備處過去的特展或是學界發表都曾廣為引用，無疑是鐵道文學經典的一冊。欣聞《台灣鐵路千公里》中文譯本出版，本篇之外還增列一九八三年作者再訪體驗台東線軌距的拓寬、一九九四年三度來台完成鐵道環島一周心願等短文，全卷的時間軸線橫跨十四年，不同世代的讀者終於可以透過熟悉的語文，與宮脇俊三先生一起共乘文字的時光機，對照前後的鐵道樣貌以及社會現象的變化；尤其對於親身經歷過戒嚴時下到民主階段的國人而言，讀後的感觸與共鳴勢必會更加深刻吧！

導讀

資深「搭乘鐵」的寶島鐵道紀行

古庭維
舊打狗驛故事館館長

在日本，有將鐵道迷分成各個種類的說法，其中喜好搭乘不同路線或車輛的鐵道迷，是所謂的「搭乘鐵」（乗り鉄）——宮脇俊三顯然就是這樣的鐵道迷。一位日本的搭乘鐵，帶著強烈執念來到台灣，至高無上的唯一目標，就是搭乘全部的鐵道路線。旅行開始沒多久，宮脇俊三就用機場往台北巴士上的邂逅，來強調他無論如何就是要完成這個計畫；而在不得不遺漏成追線，或是來到嘉義才得知原來糖鐵有朴子線時，那絮絮叨叨、內心天人交戰的陳述，更是鐵道迷獨有的懊悔自白，可愛極了。

當代的台灣人，對於「環島旅行」應該再熟悉不過。宮脇俊三「當然」也環島了，雖然環島不是主要目的，不過受限於訪台的天數，以及當時台鐵所能提供的服務，加上他應該對長途巴士有興趣吧，安排成環島之旅也是剛好而已。宮脇俊三在台灣旅行時，買車票一向是挑戰，除了當時年輕人不諳日語，無法提前訂票也是一大困擾，而且在那個時代，要取得時刻表只能從海外「進口」，因此漏掉糖鐵朴子線的資訊也就不足為奇。

鐵道是充滿數字的交通工具，日期、時刻、里程、車號、座號、車速，可以說，鐵道旅行是一種以數字堆砌出來的旅行。宮脇俊三在一九八〇年首次來到台灣，「一九八〇」就是這本書最重要的一個數字，也是一道密碼。

對於台灣的鐵道來說，一九八〇年實在是太特別了。前一年，西部鐵路電氣化剛通車，是以宮脇俊三搭到了嶄新的英國製電聯車，同時期，中山高速公路也通車了，不但使得縱貫鐵道通車七十年來，鐵道作為台灣西部陸上交通唯一霸主的地位就此終結，也成為壓垮糖業鐵道客運的最後稻草。當時台灣只剩下北港糖廠嘉義線與蒜頭糖廠朴子線兩條線苟延殘喘，而且分別在一年後及兩年後就遭到廢止。此外，從台鐵新推出的自強號乘坐率不佳，甚至常常故障的敘述，也隱約記下了台鐵在高速公路時代來臨後的嚴峻處境。台鐵的臥鋪服務，更在宮脇先生「簡簡單單就買到票」的三年後結束，消失在台灣鐵道的舞台上。

面對公路系統發達帶來的影響，產業用途的鐵道更是難以競爭，不僅糖業鐵道客運是如此，台鐵支線和阿里山林鐵同樣遭受嚴重打擊。礦業用途的深澳線、運輸大雪山木材的東勢線、源自軍事功能的東港線，其原始機能在宮脇俊三搭乘時早已式微或消失，因而到了一九八〇年代末期陸續停駛。而宮脇俊三從中學時代就憧憬不已的阿里山林鐵，在他造訪時仍然生氣蓬勃，充滿鄉土活力，但其實兩年後曾經因為阿里山公路通車的關係，差點也走上停駛一途。

花蓮到台東的台東線，原本是跟糖廠或林場鐵道一樣的七六二公釐，日本人稱之為「狹狹軌」，西部路線則是稱為「窄軌」的一〇六七公釐。狹狹軌的台東線長達一百多公里，又由於地理因素，成為獨立於西部的鐵道系統。在台灣這樣面積不大的島嶼上，擁有如此大規模的狹狹軌系統，而且負擔「幹線鐵道」的角色，實在是很特別的事情，也就不難理解為何宮脇俊三對狹狹軌特快車有特別深刻的描述，而且興奮之情溢於言表。

鐵道也不盡然只有沒落一途。台鐵北迴線在一九八〇年通車，西部「大火車」終於得以駛入花蓮，大幅改善花蓮的聯外交通，台鐵也緊接著進行台東線「軌距拓寬」，讓大火車可以繼續南下直抵台東。拓寬工程在一九八二年完成，原本的狹狹軌快速消失於歷史洪流中，而這條新的台東線，也成為宮脇俊三二訪台灣的主要目的，初訪時對於花蓮舊站到花蓮港之間，以及花蓮舊站往台東的狹狹軌相關敘述，也就成為珍貴的歷史紀錄。

不僅記述消失路線的相關內容成為史料，由於台鐵路線持續不斷進化，與一九八〇年相比，縱貫線以外的路線——宜蘭線、北迴線、台東線、屏東線和出現在增補篇章的南迴線，全都進行了包含雙線化、立體化、電氣化等各種升級，書中對於這些路線「原貌」的書寫，在今日也是許多台灣人的美好回憶。

在略帶詼諧的筆觸下，台灣鐵路的變與不變，讓人讀來不時會心一笑。像是門沒有關好就出發的普通車，現在已經重新整修變成觀光列車，而宮脇俊三從小就期待不已、卻讓他不想再去一次的阿里山，歷經數十年的整頓，或許他天上有知，也會考慮再次造訪。台鐵的票務系統直到二十一世紀終於全面電腦化，並提供網路訂票服務，但是對外國旅客仍不友善，車種依然又多又複雜，宮脇先生若再訪台灣，應該能收集到更多碎碎唸的材料。

宮脇俊三出生於一九二六年，一直到他十八歲成年時，台灣都還是日本的領土。想必喜愛搭火車的他，對台灣鐵道的情懷與想像，也一定有別於其他人。宮脇先生在五十多歲初次訪台，跟他年紀相仿或年長的台灣人，正是所謂的日語世代，於是旅途中有人提到了好久沒有講日語的懷念，也有人用「急行券」解釋台鐵的「補價票」——雖然並不完全一樣，卻能讓宮脇先生馬上理解。搭乘著台灣在日本時代建設的鐵道，沿途與這樣的人們相遇，再加上台灣與日本同為「漢字文化圈」，一些漢字使用的差異，成為旅途中不時出現的小彩蛋，這些都是《台灣鐵路千公里》不能被忽略的背景。

台灣在二戰後經濟重新起飛，一九八〇年是「十大建設」甫完成的階段，身為「搭乘鐵」的宮脇俊三，自然是對鐵道運作著墨最多。不過，在每一次與路人、店家、車站人員交流的過程裡，在每一幕飛逝而過的窗景裡，甚至投宿旅館總是被「敲門」的經驗，各種進步的、落伍的、辛苦的台灣，城鄉差異下的種種風貌，也都被忠實地一一記錄下來。四十多年前，戒嚴時期的台灣資訊封閉，不但地圖難以流通，就連排行程最重要的時刻表，也只能靠朋友帶回日本，宮脇俊三來到台灣「完全搭乘」所有鐵道路線，日後完成的這本《台灣鐵路千公里》，不僅是具有啟發性的紀行文學，也是一九八〇年的珍貴紀錄，時至今日仍是我們認識台灣的線索。

目次

推薦序　日本鐵道紀行作家的台灣千公里旅路——洪致文　003
推薦序　共乘文字的時光機，展開屬於每個人心中的台灣鐵道紀行體驗——鄭銘彰　008
導讀　資深「搭乘鐵」的寶島鐵道紀行——古庭維　011

台灣鐵路千公里

1　一九八〇年六月二日（一）台北—高雄　023
桃園國際機場／台北車站／自強號，往高雄／空襲警報時旅客須知

2 六月三日（二）高雄—阿里山
莒光號餐車／對號特快車／阿里山森林鐵路／吳鳳旅社 051

3 六月四日（三）阿里山—台中
台糖公司虎尾總廠路線／集集線／海線、山線、循迴追分線／台中柳川西路 089

4 六月五日（四）台中—台北
東勢線・內灣線／淡水線・新北投／台北的夜晚 121

5 六月六日（五）台北—花蓮
濂洞・侯硐・菁桐／險路北迴線／花蓮新站 145

6 六月七日（六）花蓮—台東
花蓮港／太魯閣峽谷／狹狹軌特快車——光華號／台東市 179

7 六月八日（日）台東—高雄 217
公路局公共汽車・金龍號／屏東線・東港線
終章 227
後記 232
※
台灣鐵路千百公里 233
台灣一周兩人三腳 237
台灣一周，全線開通 266

※本書所記為一九八〇年的情況，部分觀點與描述與現今或有差異，惟考量當年的時代背景與作品的文化價值，故皆維持作者的用字遣詞與行文內容。

台灣鐵道路線圖（1980年）

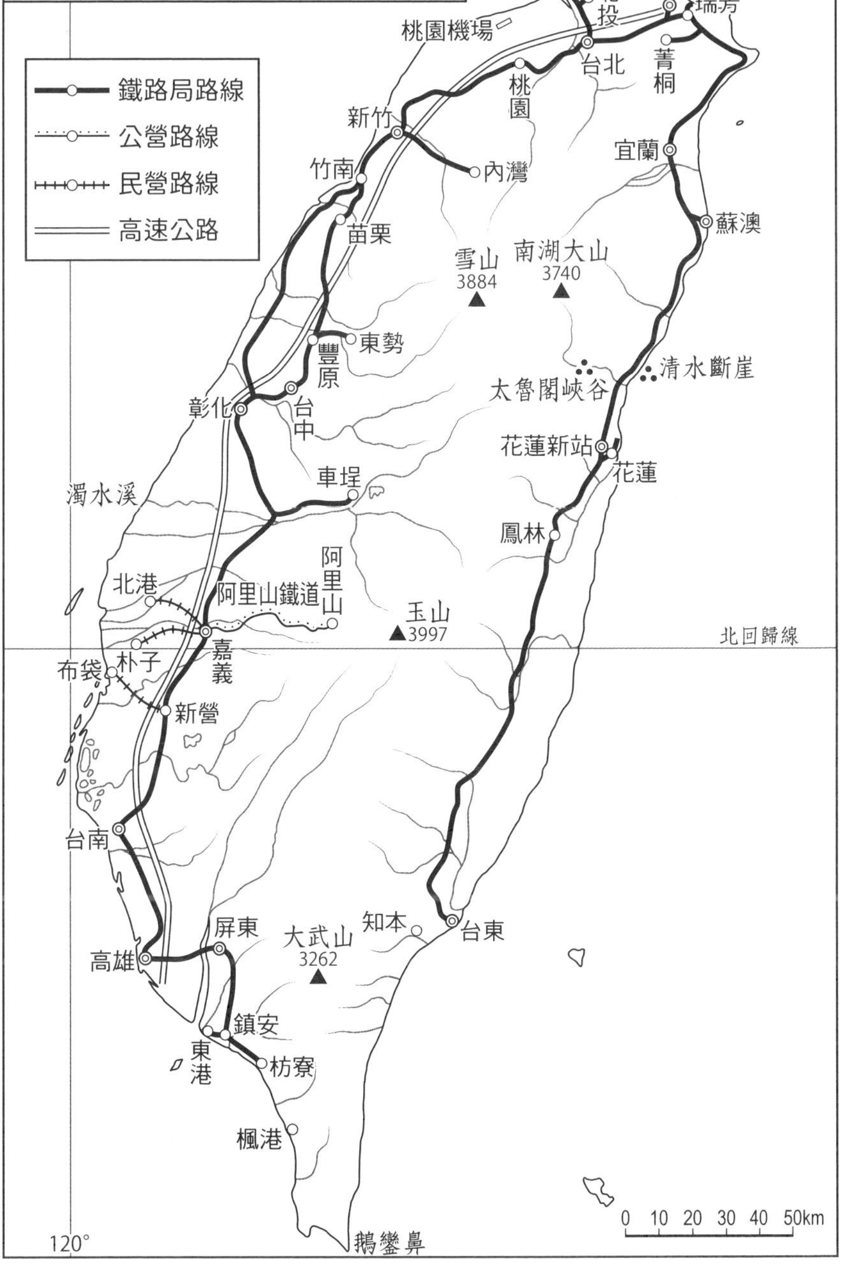

台灣鐵路千公里

1

台北—高雄

一九八〇年六月二日（一）

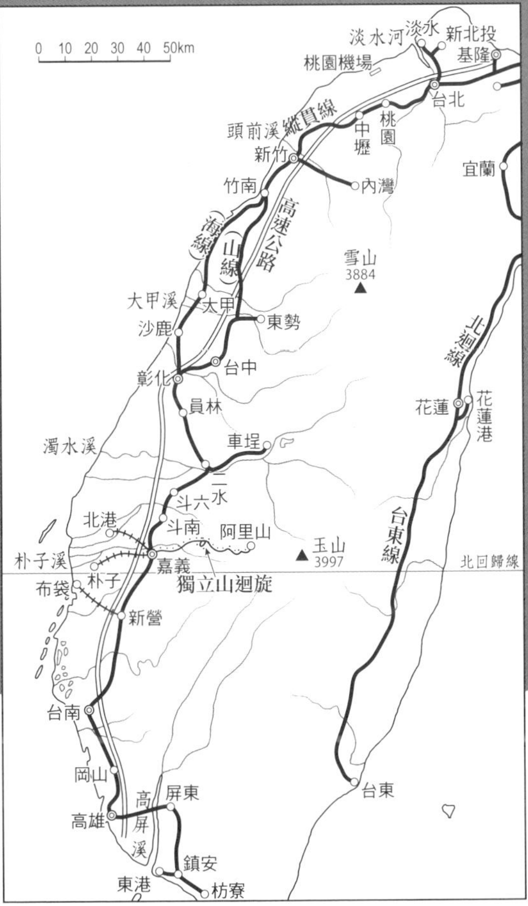

桃園國際機場

籠罩著日本近海的低矮梅雨雲層，在過了沖繩一帶後變成了一朵朵積雨雲。中華航空007次往台北的巨無霸客機隨著高度降低，一頭闖入了那巨大的樹冰群根部。機身搖晃著，厚厚的白雲自窗外流瀉而過。

一竄出雲層，左側窗外便看得到基隆的港灣，緊接著越過一條寬廣的河流，想必就是淡水河了。乘雲駕霧兩個半鐘頭，儘管不清楚飛行的方式與路線，但這架噴射機終歸把我載到了台灣。

台灣初次映現在我眼中。我心想，自己可總算來了。這座島上有阿里山鐵道，還有台東線，列車在台車用的狹狹軌上行駛，宛如一座鐵道博物館。此外，基隆到高雄間的縱貫線也在去年六月完成雙線電氣化，超特快電車「自強號」正以比日本在來線的特急列車[1]還要快的速度高速馳騁著。加上今年二月，沿東北部險峻的海岸線修築而成的「北迴線」開通，據說在連綿不絕的長隧道之間，還能瞥見知名的清水斷崖。除此之外，台灣還有九條地方線，而且一般民眾好像也可以搭乘糖業公司的火車。雖然這部分還不是很清楚，總之對我來說，這是一座不能不造訪的島嶼。

十一點三十分，飛機降落在廣闊田野間的跑道上。這是去年二月甫落成啟用的新國際機場，嶄新的航廈上標示著「中正機場」。

這座機場位在台北西邊約三十公里處，正式名稱雖然是「中正機場」，但因為臨近桃園市，所以一般就用「桃園」來稱呼，日本的旅遊書上也寫作「桃園機場」。

航廈沒有什麼特別的，無法讓人湧現真的踏上台灣土地的感覺，加上下機的多是日本乘客，我好像混進了團客當中，前後左右嘰嘰喳喳地都在講日語。

我跟著人潮踏上了電動步道，又在通道上步行。牆上有箭頭標誌指示行進方向，寫著「入境」兩字，指的就是日文的「入國」。此外還看到寫著「太平門」的，卻不是什麼雄偉的玄關城門，只是一扇普通的門，指的是緊急出口。到了這裡，我總算稍微感覺自己來到日本以外的地方了。

一整列辦理入境手續的櫃檯都大排長龍，審核護照與入境登記表的幾乎都是年輕女性，看上去如同咖啡店的收銀檯，但大概因為是公務員的身分，所以個個都板著臉。輪到我的時

1 日本的在來線指的是新幹線以外的所有舊鐵道，包含舊國鐵、JR鐵道和民營鐵道等。至於特急列車則是特別急行列車，一般指行車時間較短、停靠站數較少的列車等級，相當於台灣的自強號。

候，對方指著登記表用日語說道：「漢字、姓名！」原來我忘記填簽名欄了。

接下來要過海關，這一關可是相當嚴格，會打開包包檢查內容物，報章雜誌一律沒收。我還看到英文報紙被拿走的美國人雙手一攤，直盯著天花板。而我只揹了一個單肩背包，裡頭裝了旅遊書跟換洗衣物，十分簡便，倒是分裝到小瓶子的保肝藥品酒石酸鉀鈉溶液引起了注意。海關人員打開瓶蓋湊近聞了聞，強烈酸味撲鼻，讓他不由得皺起了眉頭。

這麼一來入境手續就完成了，但接著還必須把我帶來的美金換成台灣的貨幣。出了海關旁邊就有「臺灣銀行」的辦事處，窗口也沒有人排隊。我遞出了五百美金，隨即換回一萬八千多元，在日本用日幣兌換美金的話，一美金可以換到兩百二十七圓，換算起來，一元相當於六圓三十錢。

台灣的貨幣稱為「新台幣」，單位是「元」，但不知為何，紙鈔和硬幣上用的都是「圓」這個字。我換到的包括有蔣介石肖像的千圓鈔十張、厚厚一疊有孫文肖像的百圓鈔、幾張同樣印著孫文的五十圓鈔和十圓鈔，零頭則是五圓和一圓的硬幣。蔣介石的是全新的紙鈔，亮晃晃的，孫文的則都是經手多次的樣子，破破舊舊，十圓鈔更是皺巴巴。

從飛機落地到換好錢剛好過了一個小時，我把整疊紙鈔塞進暗袋，一步出海關，便看到來接機的人密密麻麻地擠在欄杆外側，一直向這邊張望，讓我想起了從前的羽田機場。

當然沒有人來接我，我甚至連今天後續的行程都還沒安排。唯有鐵道時刻表我是早早就買到手，也鑽研了許久，相信只要到了火車站，接著要去哪裡都不成問題。總之，得先到火車站去才行。

畢竟事先沒有任何安排，所以就連今晚要在哪裡落腳都還沒決定，儘管如此，我內心還是有所期待。可以的話我想到台北站搭14點00分發車的「自強號」到高雄。這班車是一天來回五趟的「自強號」當中速度最快的，僅僅四個小時又四分鐘就可以跑完三百七十七・五公里，會在18點04分抵達高雄，抵達的時間也不會太晚，而且在竹南到彰化間還會行經「海線」。縱貫線這條台灣鐵路局的幹線只有在這個區間會一分為二，經過台中的叫作「山線」，經過海邊的叫作「海線」，但走「海線」的「自強號」就只有14點00分從台北發車的這班而已。真要說起來會沒完沒了，總之對接下來要搭完台灣鐵路局全線的我來說，先搭「海線」會比較順，我確認時刻表越多次，就越是覺得這個結論沒錯。

因此，我想先到台北站。不過已經十二點半了，從機場到台北市區有一段距離，不知道搭巴士來不來得及。「自強號」是全車對號座的優等列車[2]，我手上當然還沒有車票，所以也希望到了車站還有時間找到窗口買票。

只要搭上計程車，用中文說出「台北車站」，就一定可以在發車前三十分鐘抵達，但我也不想剛到台灣就這樣亂花錢。

還有一個方法，就是不去台北，而是到桃園站。因為我想搭的「自強號」也會停靠桃園，時刻表記載桃園發車的時間是14點24分。去桃園的話還比較近，就算搭計程車也花不了多少錢，而且時間應該會更充裕，儘管如此，我還是想盡可能按部就班地從台北出發。這趟台灣鐵路之旅要是不上不下地從桃園展開，總讓人覺得心裡不舒坦。

我在心裡這麼想著，走出了有冷氣的航廈找巴士，結果一踏出去，熱氣就撲面而來——這裡確實是台灣沒錯。而且計程車司機隨即將我團團圍住，異口同聲地用日語說「台北，五百元」，也有司機在旁邊說「便宜啦，便宜啦」。五百元大概是三千兩百日圓，到市區的距離算三十五公里的話，在日本至少要花六千圓吧。雖然真的很便宜，但我可不能因為這樣就隨隨便便掏腰包搭車或買東西。

有幾輛看來有冷氣的豪華巴士在等著，不過這是旅行社安排的遊覽車，日本團客正魚貫地上車。我要找的是開往台北市區的普通巴士，但越找計程車司機就跟得越緊，還擋住了我的去路，儘管我也用日文對他們說「巴士、巴士」，但對方好像聽不懂。

畢竟我根本不知道中文怎麼說。中文的「汽車」指的是自動車，日文的汽車則是中文的

「火車」，這我是知道的，也記住了要問哪裡有車站時，中文可以說「車站在哪兒」，卻沒學到公共自動車這個詞的中文該怎麼說。要是只說「汽車」的話，八成會讓那些計程車司機樂壞了。

台北車站

這時我看到右手邊遠處有一輛巴士。走近一看，標示著「台灣公路局公共汽車」，目的地則是「台北・松山機場」。

松山機場位在台北市東郊，是一座國內線專用的機場。雖然不知道會不會停靠台北站，但一定會到市區，不論如何，我決定先搭上這班巴士再說。到台北要五十元。

「台北車站？」

我用中文問司機。

2 指相較於普通車，速度或設備都更高一等的列車，包含前註的特急列車等。

司機點了點頭，吐出兩個字：

「台北。」

「車站，火車車站。」

我又用中文問，但對方聽不懂。我索性講日文看看：

「請問到台北車站嗎？」

果然還是行不通。

在台灣，聽說超過四十歲的人都會講日文，因為直到昭和二十年之前，他們都是受日語教育、被迫說日語的，加上現在一年有超過五十萬名日本人到訪台灣，因此以台北為主的各大飯店及餐廳員工、計程車司機等好像也多少會說一些日語。所以大家都說在台灣可以講日語，溝通不會有問題，然而公路局的巴士卻似乎不是這樣。巴士司機大概三十好幾，而且乘客也沒有半個看起來像日本人。

車上雖然沒有人站著，但也沒有空位了。司機客氣地請最後一排的乘客稍微擠一擠，於是本來好端端坐在一起的一對男女挪了挪，左右分開，兩人中間空出了一個人的位子。這未免太尷尬了，硬生生卡在人家情侶之間，這麼煞風景的事我可做不出來，正猶豫不決時，兩名男女各自親切地擺了擺手要我就坐。雖然搞不清楚狀況，但我最後還是坐了下來。

巴士隨即起步，飛快馳騁在寬廣的柏油路上，大概馬上就會開上往台北的高速公路。雖然不知道會不會停靠台北站，但照這車速，應該趕得上14點00分發車的「自強號」。

紅磚民宅自車窗外掠過，是懸山頂的建築，但沒有屋簷，一如在照片中見過的中國樣式民宅，我總算有種來到了台灣的感覺。

「一個人嗎？」

左邊的女人用日語向我搭話，似乎看出我是日本人。我點點頭，她接著問：

「台灣，來玩？」

大概是問我「來台灣玩嗎」。正是如此，所以我又點了點頭。她把原先不知道藏在哪裡、長得像鈴蘭的花拿出來給我看。那是很少見的花，乍看像鈴蘭，不過白色的部位看起來卻不像花朵而像果實。她接著把右手放在頭上，因為穿的是無袖上衣，所以腋下看得一清二楚，然後還用左手拿著的狀似鈴蘭的花輕輕撫弄著腋毛。就算我還不懂台灣的風土民情，也曉得這不是良家婦女該有的舉動。

我總算明白了原委。看起來像情侶的這兩位八成是條件沒談攏，所以才會歡迎我坐在他們中間吧。

她用片斷的日語對我說話，一邊把手放到我的大腿內側。她看起來不像輕浮的女人，不僅年輕，還有著以她的舉動來說很清秀的長相，以及一雙漂亮的腿。

只不過，我是為了搭乘台灣鐵路局全長一千零三十四．二公里的鐵道和七十一．九公里的阿里山森林鐵路而來，可不是為了別的什麼，何況也才剛到沒多久。不管怎麼樣，我都得搭上14點00分從台北發車的「自強號」不可。男兒當自強，「自強號」這名字取得真不錯。比起來，日本的列車名字都一副弱不禁風的樣子，如果可以取一些更雄壯威武、鼓舞士氣的名字不是很好嗎？

「今晚，台北？」

她問。我搖了搖頭，用中文答道：

「高雄。」

這樣說好像有效，她不說話了。這讓我不禁有點同情。

巴士椅背的上半部蓋著白色的塑膠罩，上頭印著「旅途愉快，黑松汽水」的廣告。「汽水」指的就是蘇打，所以這是飲料公司的廣告。旅途愉快是嗎？我想，還不算愉快就是了。

公路局的巴士在高速公路上暢行無阻，只花了一個小時又十分鐘就進入台北市區。寬廣的道路兩側卻是老舊的灰泥與紅磚建築，正這麼想著，又看到了鐵皮看板。這一帶大概是台北的邊陲地帶吧，卻讓我想起約莫十年前的東京下町老街。

巴士開入市區，不時停下來下客。我走到駕駛座旁邊，又用中文說了一次「火車車站」，結果還是沒辦法，司機根本一頭霧水。我是按照口袋書《中文會話》的發音，但只不過是照本宣科地把假名標音唸出來，聲調肯定不準確。

我盤算著找一站下車改搭計程車，所以進入市區後就一直留意窗外，路上卻沒見到半輛隨招隨停的計程車。這樣的話，不如還是搭到終點松山機場比較保險。

巴士穿過大街小巷，不久便抵達了松山機場。結果一路搭到終點的，就只有剛才那名女子跟我。

下了車之後，她問我：「高雄？」大概是想確認我是不是真的要到高雄，我點了點頭，她的表情顯得有些落寞，又坐上了同一輛巴士，顯然是要搭回桃園。

機場航廈前有成排的計程車，我在筆記本寫上「台北車站」，拿給司機看。

自強號，往高雄

台北站的外觀讓人聯想起上野車站。[3]

建築物內部意外地狹窄，又有些昏暗，而且人聲雜沓。

「自強號」的售票口雖然在很裡面，但很好找，一進到車站自然就會發現。

好險14點00分發車的「自強號」還有位子，我在紙上寫著「高雄」遞給窗口，並豎起一根指頭代表一位，中年售票員笑了笑，用日文說道：「一位到高雄對吧？四百九十七元。」顯然這邊不用筆談也能溝通。

話說回來，到高雄只要四百九十七元，真是便宜。換算成日幣是三千一百三十圓，何況「自強號」全車都是舒適的坐臥兩用椅，換作在日本搭乘相同距離的特急綠色車廂[4]，可得花上九千圓。

我懷著賺到一筆的心情通過了剪票口。剪票口的欄杆是堅固的鐵鑄的，高度超過一公尺，就像動物園的鐵籠。欄杆旁的牆上用紅漆劃了兩道橫線，上面那道寫著「半票」，下面那道寫著「免票」。上面的線代表一百四十五公分，身高在這以下的孩童車資半價，下面的線代表一百一十五公分，身高在這以下的則免費。

「自強號」在第一月台發車。把搭車的地方稱作「月台」聽起來很優雅，但實際上卻是老舊鐵骨屋頂覆蓋、風格粗獷的月台。

沒多久，十節車廂編成的「自強號」進站了。車頭屬於「貫通式」設計，也就是車廂連結處有可通行的貫通門和風擋，所以儘管不像超特急列車[5]那麼精巧，但銀色[6]塗裝和整列「綠色車廂」等級的內裝，還是一進站就讓灰溜溜的台北車站第一月台蓬華生輝。

我的車票是「10車29號」，10號車廂在最後面，我於是邊走邊沿著月台逐一眺望每節車廂。各個車廂的入口都有玻璃小窗標示著列車名和目的地，可以看到「自強號，往高雄」的字樣。

一位穿戴著深藍色制服與制服帽的女服務員站在10號車廂的入口，是負責接待旅客的服務小姐，容貌跟儀態足以媲美今天搭的中華航空的空中小姐。看來招牌列車的服務工作和機

3 指戰前興建的台北車站，於一九四〇年落成，沿用至戰後，由於鐵路地下化工程而在一九八六年拆除，現今的台北車站則於一九八九年落成啟用。
4 指日本鐵道中比普通車廂更豪華而舒適的高級車廂，須加價搭乘。
5 此指新幹線。
6 主要應為三種不同濃淡的棕色系塗裝。

艙服務一樣是熱門職場。

話雖如此，和中華航空007次不同的是，「自強號」並沒有坐滿。別說坐滿了，像這個10號車廂的乘坐率大概只有百分之二十，車廂內不過十個人左右，乘客似乎都被飛機和高速公路的客運搶走了。

10號車廂裡半個日本乘客也沒有。

14點00分，「自強號」準時從台北出發。

一出站就接連遇到平交道。行駛在坐擁兩百萬居民的台北都會人口稠密的地帶，卻不是採用高架設計。

每個平交道前都停滿了機車。

穿過鬧區，「自強號」提升了車速，時速應該已經超過一百公里。畢竟四個小時要抵達高雄，就得維持一百公里以上的速度。就算行經田野或丘陵時，車站前後的民宅密集，平交道又多，有些平交道還沒有遮斷機，列車依然輕快地以一百二十公里左右的時速奔馳。

台灣的面積大約是三萬六千平方公里，和九州本島差不多大，人口一千七百萬則比九州本島的一千四百萬來得多。這裡的農作物生長良好，稻米能夠達到二穫甚至三穫，糧食可以自給自足，只是看來仍為人口問題發愁，正提倡「理想的子女數兩個」的節育運動。此外台灣有百分之五十五屬於三千公尺級高山連綿的山岳地帶，因此大半人口都集中在這條縱貫線沿線。

在廣闊的地方行駛到一百二十公里往往感覺不到那麼快，就算在高架上也是一樣。但在民宅密集處與平交道平面交叉，呼嘯而過，同樣一百二十公里倒是感覺速度變快了。

從日本出發前，就有人告訴我「自強號」常常在平交道緊急剎車，因此很多時候不會按照時刻表行駛，要我多加留意。此外，我也聽說縱貫線的電氣化工程和「自強號」車廂都有些問題。

將縱貫線的軌道進行強化與電氣化，讓台北到高雄的行駛時間從原本的六小時一口氣縮短到四小時——不管怎麼看，這項工程本來都應該由日本來承包，但那時正值日中恢復邦交，就在日本舉棋不定的時候，縱貫線的改造工程就由英國得標了。

台灣在地理上，不管是地文或人文都和日本十分相近，鐵道本身也是日本所鋪設，現在運行的車廂還有許多是日本製的，一旦交由英國來執行，彼此便難免有些格格不入。像英國那樣的國家，民宅零星分布在一望無盡的田野和低矮丘陵，因為視野良好，不需要費心設置平交道。所以也才有人說英國和日本不一樣，在設置平交道、鐵路立體交叉等高速行駛所附帶的工程上，往往容易思慮不周。

此外，看在日本的鐵道業界眼裡，英國的電氣化工程等技術層面似乎也有各種問題。何況「自強號」的車廂[7]是南非共和國製造再經由英國進口的，故障的情形時有所聞。

我搭的這班「自強號」並沒有在平交道緊急剎車，而是在我第一次見到的台灣領土上暢行無阻。由於是雙軌路線，窗戶下方看得到上行線，鋪得高高的全新道碴、在混凝土埋入鋼線的預力混凝土枕木、每公尺重達六十公斤扎實堅固的鐵軌，讓「自強號」如流水般奔騰。和日本在來線的特急電車相比平穩得多，通過車站時也因為通過線已經改善拉直，所以不會降速，經過道岔時也不會晃動。車廂內還有冷氣。

服務小姐提著大茶壺過來。從台北發車後就已經發給大家溼毛巾了，這次則是奉茶的服務。窗邊有個開了洞的金屬支架，放著兩只厚實的玻璃杯，還附有玻璃杯蓋，形狀像是沒有傘柄的油紙傘。她伸出左手從金屬架中取出杯子，用指尖掀開了杯蓋，流暢地注入茶壺裡的茶。玻璃鏗鏘碰撞的聲響雖然刺耳，但這番指上工夫確實了得。我用中文說了句「謝謝」，對方輕笑著點了點頭。服務小姐的窄裙裙襬有中式開衩，但畢竟是鐵路局的國家公務員，所以開衩也不會開得太高。

沿線有很多工廠，新工廠也正陸續興建，隨著土地一步步變成建地，像公寓大樓那樣的建築更相繼蓋了起來。老房子多半是四邊都由紅磚圍繞砌成，但新房子的側面隔間雖然和過往一樣由磚頭砌成，內外牆面則抹上了灰泥或混凝土。看來兩層樓的新式住宅是基本款，還附有陽台，貼著亮麗的純色磁磚。

這些房子應該大部分都是待售的新成屋，還立著「快適新城」之類的看板。這種新蓋的房子好像都叫作「新城」。

感覺台北近郊的土地和日本大都會周邊一樣急速地變成建築用地。儘管如此，行駛了大約三十分鐘、過了中壢之後，似乎也就離開了那樣的地帶，水田和農地突然變多，儼然一幅散布著紅磚舊農舍的田園風景，還看得到悠哉地在滿是泥巴的泥水坑泡澡的水牛。

平緩的斜坡上沒有半棵樹，盡是墓地，每一區各有低矮的混凝土擋土牆圍成環狀，中央則蓋了一座小型的祠堂，填埋在光禿禿的山坡上的景象，竟出奇地活靈活現。

從台北出發過了五十分鐘，「自強號」駛到了可以俯瞰大海的丘陵，眼前正是台灣海峽。鐵路在這裡向左轉了個大彎，右側窗下，新竹市街一覽無遺。

7 此處指的應該是E100型電力機車。

14點55分，抵達新竹。即便是大站，台灣的時刻表還是只會記載「發車時刻」，新竹的欄位也只寫著14點56分，不知道是幾點抵達，但要是的確依照時刻表的時間行駛，那麼在新竹就只會停留短短一分鐘。

月台上有人在賣火車便當。我到現在還沒吃午飯，畢竟沒有那個時間。「自強號」沒有餐車，我雖然想買火車便當，但因為這是有冷氣的優等列車，所以窗戶打不開，停車時間又好像只有一分鐘，實在不能隨隨便便下車。結果這班「自強號」就按照時刻表，在14點56分從新竹發車。

自新竹行駛了十幾分鐘後便抵達竹南。雖然「自強號」不停靠，但縱貫線會在這裡分成「海線」跟「山線」。山線的優點是會行經台灣第三大都市台中，只不過坡度陡峭，而海線雖然沒有什麼大城市，但地勢平緩，由於各有利弊，所以才乾脆一分為二吧。

不過，台灣的馬路雖然是靠右行駛，鐵路卻是靠左行駛，所以像這班「自強號」這樣行經「海線」（右側）的列車，就會在某處和上行線交叉。交叉的方法分成兩種，一種是只需操作道岔的平面交叉，另一種則是其中一條線轉為高架或地下的立體交叉，考量到列車運行的效率與安全，自然是立體交叉比較好。

縱貫線的新竹到竹南區間，光是旅客列車一天就來回七十趟，密集的程度足以和日本主要幹線的班表匹敵。我想在竹南前後會有立體交叉，因此還特別留意，左右張望，結果通過竹南時，不知不覺就已經行駛在右側軌道上了。

一駛入「海線」，窗外的景致就多了幾分寂寥。平緩的山丘沒入海中而沒能形成斷崖，單調乏味的海岸線上也沒有民宅。今天的台灣海峽平靜無波，但這一帶或許是風特別大，稀疏的矮灌木匍匐般俯臥著，枝椏凹折，樹梢支離破碎。

有時還會渡過小河。河口水流淤塞，分不出究竟是沼澤或海灣。一個漁夫戴著像是苦力帽的東西獨自撒著網，不見半戶人家。

在這樣的地方行駛了約三十分鐘，駛離海濱之後，總算看到了民宅與小鎮，不久後便與來自左側的「山線」匯合，在16點05分停靠彰化。時刻表記載的是16點06分，所以會停靠一分鐘，很準時。

但過了發車時間，「自強號」卻沒有半點要起動的樣子。

又過了十分鐘、十五分鐘，「自強號」還是文風不動，乘客卻毫無反應，只是乖乖坐著，車內也沒有響起任何廣播。雖然就算有我也聽不懂，但廣播系統仍是默不作聲。

我看到有人在賣火車便當，於是下車到月台。「自強號」的車窗不能開，今天乘客又不多，感覺沒有什麼買氣，不過放眼看去仍有七、八個賣火車便當的人走來走去。木箱裡堆放著便當，雖然和日本一樣是用帶子把木箱掛在身上，但右手高舉著便當，用高八度的聲音飛快地叫賣「ㄅㄧㄢˋ ㄉㄤ、ㄅㄧㄢˋ ㄉㄤ」的樣子倒和日本不同，是像連珠炮似地喊著「ㄅㄧㄢˋ ㄉㄤ」。

火車便當只有一種，並沒有日本那種融入當地特色的名產便當。要價三十元（一九〇圓），我順便買了罐裝啤酒，同樣三十元，上頭寫著「臺灣啤酒」。

我拿著罐裝啤酒和火車便當走到車頭看看是怎麼一回事，結果看來果然是車輛故障，維修員正鑽到車底搶修。胸口別著「司機員」名牌的駕駛員和「車長」在月台上有說有笑。

我回到最尾端的10號車廂，正坐下來喝啤酒時，就看到上行的「自強號」駛入，停靠在對向月台。我隨即看了一下時刻表，這個時間並沒有「自強號」會通過彰化，看來應該是13點00分從高雄發車的「自強號」延遲了。這班車雖然不停靠彰化，但會在15點14分從台中發車，也就是說它不但晚了一小時又二十分鐘，還停靠在原本不停的彰化。

真是同病相憐啊。我盯著對面心想，對方的駕駛員也下了車到月台，指著車頭下方的機器向維修員說明著。由於我就坐在下行的最後一節車廂，所以上行的車頭不偏不倚地在旁邊，這會兒可不是吃火車便當的時候，我又走到了月台想看看情況。話是這麼說，但究竟哪裡出了什麼差錯我一概不清楚，剛彎下腰探看對方車頭下方時，我這邊的「自強號」突然就匡噹起動了。

沒有起任何發車鈴聲，車長和副站長看來也沒有任何示意的舉動，而且車門還開著，可能是一鬆開剎車或什麼的列車就稍微滑動了，這是常有的事。想歸這麼想，但畢竟起動了，所以我也就慌慌張張地跳上了「自強號」。

列車就這麼敞開著車門，逐漸加快速度，駛離了彰化站。

空襲警報時旅客須知

「自強號」彷彿沒碰上故障而停留三十分鐘，也沒有「自顧自地」發車，自台灣中部的田野一路往南馳騁。

台灣從這一帶開始進入熱帶性氣候，香蕉園和檳榔樹也就變得更醒目，此外還有芒果樹。無知的我本來還以為香蕉樹是自然地茂盛生長，香蕉也可以隨便摘，沒想到實際上卻是有條不紊的人工栽培，香蕉園裡井然有序，整串香蕉還會用藍色塑膠袋套住。芒果園也是一樣，雖然沒有套上塑膠袋，仍舊會細心除草與施肥。

列車不斷越過鐵橋。這是因為要渡過一條又一條從中央的高地像扁梳的齒梳般奔流而下的河川，但每座鐵橋都比我想得還要長。倒是河川都很短，從發源地到河口頂多大概只有一百公里，相形之下河灘則很寬闊。儘管跟雨量充沛多少有關，但這些鐵橋實在很長，有的甚至超過了一千公尺。

我有點在意，觀察了一下，發現這些河川幾乎都沒有堤防。河水暴漲時就任由轉向的河川氾濫，所以才在這樣形成的寬廣河灘兩頭架設鐵橋。

列車逐一穿過的鐵橋一端——長一點的鐵橋則是兩端——設有混凝土蓋的哨兵所，還有配備刺刀步槍的軍隊站崗。

台灣正處於戰時體制，實施兩年的徵兵制，車站的候車室還會張貼著分色的「防空疏散地圖」。

海岸線、港灣設施、發電所、鐵橋、隧道口等處都嚴禁拍照，聽說要是無意中把鏡頭朝向這些地方就會被憲兵隊帶走——畢竟鐵道也算是軍事設施。儘管如此，這裡只有鐵橋和隧道禁止拍照算是非常寬宏大量了，像蘇聯就一律禁止拍攝與鐵道相關的事物，我還聽說非洲有些國家只要一把相機對著鐵道，天外就會立刻飛來一記子彈。

台灣的《旅客列車時刻表》小巧可愛，是比文庫開本小一號的B7尺寸，厚度也只有六公釐，但收錄了所有車站與列車，書末更附有票價表和營業規章。這樣一本輕薄短小的時刻表還真是「不夠看」，拿在手裡會讓時刻表發燒友深深慶幸自己出生在日本，倒是最後一頁還刊載了〈空襲警報時旅客須知〉。首先是：

一、空襲警報時，旅客應聽從站車及防護人員之指導，行動要敏捷，精神要鎮靜，不可慌亂。

以下多達十四條。

四、飛機臨頭不及躲避時，應即伏地，最好耳塞棉花或軟紙，口略張開，用手支撐身軀略離地面，切勿愴惶亂跑。

看到這一條，上了年紀的人肯定會回想起戰爭時期，而我則想起了戰爭末期的日本時刻表封面內側印的〈旅行防空須知〉。

前九條是遇到空襲時的心理建設與避難方法，第十條之後則是如下的「營業規章」：

十二、旅客於警報前購得乘車票，未經乘車，而在有效期間內，因警報關係在起程站停止旅行者，得於警報解除後之當日，照原價退票，免收退票手續費。

天色突然轉暗，下起了雷陣雨。一種當真來到了台灣的感覺和喜悅湧上心頭，在彰化買的火車便當也激發了身在台灣的真實感，不只油膩，還有奇特的香料味撲鼻，讓人幾乎難以下嚥。

過沒多久就放晴了，太陽再次自西方天空的烏雲邊露臉。

這裡有各種階段的水田，包括稻穗低垂著、馬上可以收割的；剛插完秧的；秧苗正在茁壯的；正準備結穗的，什麼都有。可以達到一年三穫的，應該就是這一帶吧。

「自強號」保持在晚三十分鐘的「準點」行駛著，在18點04分抵達台南。將近一半的乘客在這裡下了車，要搭到高雄的人出乎意料地少。台北到高雄之間的國內線航班一天會往返二十趟，加上還有高速公路，即便「自強號」的車程只要四小時，恐怕也搶不回被飛機和客運瓜分的乘客。

接近終點高雄時，正在施工的「新城」又一一冒了出來，新工廠也很多，煉油廠的高塔映現著熊熊火光。高雄有一百萬人口，是台灣第二大都市。

「自強號」彷彿最後衝刺般駛過鼓山的山腳。鼓山算不上高，但高聳地矗立在平地倒是顯眼得很，只不過整座山似乎都是石灰岩組成的。台灣最大的水泥廠就蓋在山腳，砍伐切削著山林，一部分更直達山頂，原本綠油油的樹也籠罩著一層灰白。我感覺這暴露了高雄這座工業之都貪婪的一面。

「自強號」晚了約三十分鐘，在18點33分抵達高雄。同一時間，載滿通勤族和學生的屏東線普通車就停在寬廣的對向月台，車門也沒關就出發了。這是18點33分開往枋寮的列車，枋寮是台灣最南端的車站。

步出高雄站的剪票口，廣闊的站前廣場對面就有好幾家飯店。那麼，該投宿在哪一家呢？我停下了腳步，拉客的人隨即迎上前來，手上拿著飯店的傳單，不斷指著上頭的飯店，一副要介紹我一個好地方的樣子。我搖了搖頭，對方卻不死心地緊跟上來，為了擺脫他們，我只好快步走向一家距離最近又最大間的飯店。剛離開了有冷氣的車廂，雖然已經傍晚，但高雄還是很熱，我馬上就汗流浹背了。

這間國統大飯店的櫃檯只有女性員工，其中一個特別漂亮的女孩子看到我進門便笑著點頭致意，那笑容就像看到常客一樣，和日本飯店的態度大相逕庭。還好選對了飯店，我想。

她問我六百元（三八〇〇圓）的房間怎麼樣，這算是中價位的房間，我當然沒意見。

年輕又俐落的行李員領著我搭日立製造的電梯到十樓，電梯前面有值班經理的櫃檯，櫃檯後是一名像留級的大學生那樣看來老大不小的青年，他也對我露出了像看到老朋友般的笑容，用日語說道「歡迎光臨」——大概一眼就看出我是日本人吧。

六百元的房間很寬敞，有雙人床，還有彩色電視機和冰箱，從窗外可以俯瞰高雄站。

我將十元小費遞給了年輕的行李員，他的笑容卻突然消失了，隨即轉身背對著我，一言不發地離開了房間。我從包包裡拿出旅遊書確認小費那一項，上面寫著「給飯店行李員十五元到二十元」。

接著響起一陣敲門聲，值班經理端了茶進來，我連忙要給他二十元，他誇張地擺了擺手，用日文問我：

「一個人嗎？」

我回答是的。

「很寂寞吧？」他又說。

看我沒回話，他便緊接著問：

「要叫幾點的呢？」

「不用，不用。我今天很累，很早就要睡了。」我說。

為了在出發前把手邊的工作告一段落，我昨天晚上幾乎沒睡，今天實在累得不行。雖然想逛一逛晚上的高雄，但我的年紀已經沒辦法硬撐，不然隔天可有得受了。所以我今晚打算就在飯店裡用餐，然後馬上上床休息。

「很早睡嗎？那我馬上叫。」

說著，經理便要踏出房門，我連忙拉住了他的手臂制止。

飯店的餐廳與其說是餐廳，更像夜總會，高雄的紅男綠女齊聚一堂，好不熱鬧，年輕的男歌手在舞台上用日語唱著「我才不想知道你的過去呢」[8]，相當動聽。我坐在角落喝著啤酒，還吃了淋上滿滿大蒜醬、味道很重的牛排。

眼皮都快闔上、昏昏欲睡的我一搭電梯回到十樓，就看到那位經理還在值班櫃檯，彷彿把剛才發生過的事忘得一乾二淨，問我：

「要馬上叫嗎？」

我不再搭理，回到房間立刻掛上了「請勿干擾 Don't Disturb」的牌子。走廊上似乎有人走動，但沒有人再來敲門了。

8　歌名為〈我並不想知道〉（知りたくないの），乃日本歌手菅原洋一於一九六〇年代所翻唱的歌曲，中文版〈過去的春夢〉則有姚蘇蓉、白嘉莉、鳳飛飛等人演唱的諸多版本。

六月三日（二）

高雄—阿里山

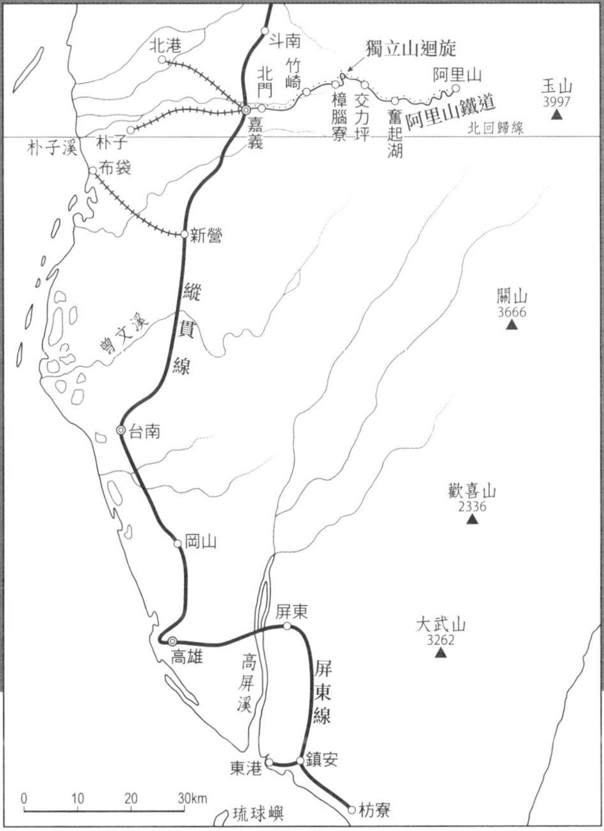

2

莒光號餐車

台灣鐵路局的列車依照速度分成五種。

票價結構隨著列車車種而有所不同，不像日本除了車票還必須另外購買特急券。此外車站的售票口也是根據列車車種區分，比如要買台北到高雄的車票，在「自強號」的窗口買，要價四百九十七元，要是在「普通車」的窗口買則是兩百零四元。

我認為這對乘客來說很方便。畢竟台灣鐵道的規模本來就小，全部只有兩百四十三座車站，才有辦法這樣規劃票價結構，如果像日本的國鐵[9]那樣有五千多站就不可能了。

話雖如此，票價還是分成了五種，不免稍嫌繁瑣，但各列車的編成反而變成單一等級，也就是不像日本會把普通車和綠色車廂掛在一起，「自強號」和「莒光號」全車都配備坐臥兩用椅，其他車種則全是由普通車編成。

將這五個車種依車速快慢、也就是票價高低依序排列，便如下所示。所需時間與票價指的是台北到高雄區間。

1 **自強號**　全車對號座，配備坐臥兩用椅，有冷氣，服務小姐值勤，約四個小時，四百九十七元。

2 **莒光號** 全車對號座，配備坐臥兩用椅，有冷氣，服務小姐值勤，有的會附掛餐車，約五個小時，四百一十四元。

3 **對號特快車** 全車對號座，附布質頭枕巾，約五個半小時，兩百六十四元。

4 **快車**（通稱「平快車」） 附塑膠頭枕巾，約六個半小時，兩百一十九元。

5 **普通車** 約十小時，兩百零四元。

沒有連結普通車的特急列車，難免讓人覺得是獨厚有錢人，但「對號特快車」倒像是彌補了這一點，就我的觀察，「對號特快車」的乘坐率是最高的。

不過，「自強號」、「莒光號」這樣的名稱，似乎不能像日本那樣叫作「暱稱」。在台灣旅行，到處都看得到「自強」的標語。有次我才想著會不會有大大地寫著「愛國、團結、自強、奮進」的看板，就看到了胸前別著「公員[10]自強活動參加證」白色名牌的團體。「自強」的意思簡單明瞭，似乎不用過度解讀，偏偏日文和中文間經常出現同字

9 指舊日本國有鐵道，乃一九四九年開始營運的鐵路事業體，於一九八七年分割民營化後轉型為JR集團，旗下有六家旅客鐵道公司與一家貨物鐵道公司等，各自獨立經營。

10 應指公務人員。

異義的情況，比如中文的「愛人」指的是配偶，「手紙」指的是廁所的衛生紙，步行叫作「走」，快走則叫作「跑」。別的不說，像中文的「汽車」指的是自動車，我喜歡的汽車則叫作「火車」，因此我才想進一步釐清「自強」的涵義。這麼想的我，雖然試著向幾個一臉懷念地用日語和我攀談的老人家探聽，但一提到「自強」兩個字，他們的表情就瞬間變得僵硬，再也聊不下去了。

至於「莒光」的由來則清楚得多。典故出自《史記》，講的是戰國七雄之一的齊國遭燕國進犯，城池一一被奪走，最後只剩下莒州一城，但他們在城內堅守奮戰，最終打敗燕國、收回失地。

那麼「對號」又是什麼意思？按照「自強」與「莒光」的命名邏輯來看，我猜想這或許也是「相對」於中國本土的意思，於是查了一下中文字典，結果「對號」指的原來是「指定席」。

總而言之，台灣鐵路局的列車有前面說的五個車種。我昨天搭了其中最厲害的「自強號」，所以今天打算依序搭乘「莒光號」、「對號特快車」、「快車」、「普通車」，也就是從最快的逐一搭到最慢的。

首先要搭8點30分從高雄發車的「莒光號」去台南。高雄到台南的距離只有四十六・七公里，車程三十五分鐘，要是在這麼短的區間搭乘特急綠色車廂，大概會被說浪費錢，不過這充其量是日本的思維。在台灣，因為票價結構是根據車種規劃，相當於綠色車廂券的部分會依照距離的比例計算票價，所以可沒有浪費錢這種事。

如果乘坐日本國鐵的特急綠色車廂行駛相當於高雄到台南的區間，車票本身是五百五十圓，但特急券（一百公里以內）要加一千兩百圓，綠色車廂券（一百公里以內）還要再加一千圓，總共要價兩千七百五十圓，是車票的五倍。然而相當於日本車票的台灣「普通車票價」是二十六元，高雄到台南的「莒光號票價」則是五十二元（三三〇圓），也不過是普通車的兩倍。從使用者的角度來看，不管怎麼說都是台灣的票價結構比較合理。

但也因為這樣，短區間的使用者很多，加上又是全車對號座，我想賣票的窗口想必也吃不消。近來日本的特急也會在小站停車，有的普通急行和鈍行列車[11]則減班，短區間的特急於是變得比較多人搭，但日本畢竟擁有領先全球的電腦預售車票系統「MARS」[12]。

11 指慢車。

12 全稱為Magnetic electronic Automatic seat Reservation System，是日本國有鐵道公司在一九六〇年代開發的全球第一套用電腦連線處理鐵路預售車票的系統，取代了過往的人工售票作業，且幾經改良，在作者來台的八〇年代採用的是MARS202系統，如今則已發展至MARS505系統。

台灣的售票窗口卻沒有，全都是人工作業。只要告知「一張8點30分往台南的莒光號」（我是寫在紙上就是了），窗口就會馬上拿出那班列車的座位表確認空的欄位，並在到台南的「莒光號車票」背面寫上車廂編號和座位號碼。整個過程相當快，基本上跟日本的「MARS」沒有太大的差別。不用一一打電話到售票中心詢問，只要確認手邊依車種區分的座位表就好，大概是因為每一站都會分配到一定數量的車票吧。

這種「配票到各車站」的制度不光只針對高雄這樣的大站，而是每一站都這樣。縱貫線上的「自強號」、「莒光號」、「對號特快車」合計來回三十五趟，全部都要對號入座。「對號」之類的列車會停很多站，就像前面提到的，因為票價結構的關係，所以有很多短區間的使用者，就算只是橫濱到大船這樣的區間，他們也會搭「對號」。對號座車票大概只要十五元（九五圓），感覺沿著走道還沒走到指定的車廂列車就到站了，但你只要走過去，就會發現自己的對號座確實是空著的。沒有電腦的情況下，竟然能做到這個地步。不管是配票給各車站的職員也好，賣票的窗口也罷，頭腦要是不夠靈光可是辦不到的，我真是打從心底佩服。

8點30分從高雄出發前往台北的「莒光號」附掛了「餐車」，從高雄到台北的「莒光號」有十三個班次，其中四個班次有餐車。像這班列車抵達台北是14點03分，剛好橫跨午餐時間，所以才會附掛餐車吧。

雖說如此，但我只會搭三十五分鐘，9點05分就會下車，又已經在飯店吃過早餐，所以其實沒必要也沒時間去餐車，卻又想瞧瞧台灣的餐車是什麼模樣，所以一發車我就邁步前往6號車廂。

日本有很多餐車即使從首站出發後已經行駛了三十分鐘左右也仍然「還在準備」，但這班列車的餐車倒是已經開始營業。內裝和日本的在來線差不多，兩邊各有五張四人桌，大概因為「莒光號」初期的車廂是日本製造的，或是他們說不定還在使用當年那批車廂，不過從客人的位子可以清楚看到廚房內部這一點，和日本並不同。

沒有女服務生，穿著黑色長褲和白色襯衫的青年送上水和菜單，我點了一杯二十元（一二六圓）的咖啡，雖然不難喝，但大概是因為那杯水冰冰涼涼的，尤其好喝。旅遊書上寫道台灣的自來水不能喝，昨天的飯店雖然也備有裝了水的保溫瓶，但一點都不冰。

比我早到的客人只有一對年輕男女。我正在想他們不知道點了什麼，就看到服務生端來一份三明治，兩人親密地享用了起來。

這列「莒光號」有很多空位，可能慢慢接近台北乘客就會變多吧，但我所在的2號車廂載客數是五十二人，卻只坐了五、六個人。大概就是因為這樣，我一回到座位，服務小姐就提著茶壺來幫我添茶。儘管「莒光號」已經駛入台南站，我還是抓緊時間喝了那杯茶。

對號特快車

我會在台南下車，是因為就算搭這班列車前往嘉義，到阿里山鐵道發車前都還有一大段空檔，也覺得來到擁有五十三萬人口的台灣第四大都市卻過門不入，實在有點說不過去。旅遊書裡寫著，台南是最有台灣風情的城市。

台南是一座濱海城鎮，據說十六世紀初渡海來到台灣的中國人一開始就是在這裡落腳。同一時期，荷蘭人也為了將台灣收編為殖民地而來，但鄭成功奮力驅逐了荷蘭人，當時的戰場遺跡就位在靠海的運河一帶，紅磚砌成的牆面看來很漂亮。

我搭上在車站前面排班的計程車，表示要到「ㄩㄣˋ ㄏㄜˊ」，司機點了點頭便出發。

機車在狹窄的路上亂竄，超車來超車去，見縫就鑽，握把邊邊幾乎擦過計程車的照後鏡，就這樣呼嘯而過。機車雙載的情形也很多，斜坐在後座的女性白色的裙襬一個勁兒地隨風飄揚。在在充斥著混雜、紛亂與盎然的生氣。

馬路兩側商店林立，小店鋪各自掛出大型招牌，縱橫交錯，密密麻麻。

計程車馬上就停了下來。司機指著外頭，像在告訴我這裡就是目的地。我覺得運河應該沒那麼近，定睛一瞧，是一處入口很窄但縱深很深的市場，看起來頗有意思，但周遭並沒有運河。我揮揮手，又說了一次「ㄩㄣˋ ㄏㄜˊ」。司機點點頭，立刻起動。

車子接著停在一間頗具規模的珠寶店前面。我於是趕緊在筆記本寫上「運河」兩字。

結果「運河」是像港灣那樣的地方，有大大小小的漁船停靠在岸邊，繫在一起，水面浮著黏膩的油光，映照著紅磚倉庫。雖然不是什麼特別的景點，我還是下了計程車，歇了歇，然後沿著旅遊書上的地圖，花了大概四十分鐘走回車站。途中看到了過去是荷蘭人根據地的紅磚建築赤崁樓，非常氣派，只是六月的台南實在太熱，加上我喝了水，又喝了咖啡跟茶，不禁滿頭大汗。

接下來要搭的是比「莒光號」低一階的「對號特快車」。這也差不多是一小時一班，我在售票口買了11點13分開往嘉義的對號座車票，車票背面立刻就被寫上了「3車13號」。

這時候有點渴了，所以我到商店買了柳橙汁。不管是味道或是將吸管插入紙盒包裝的喝法都跟日本沒兩樣，但上頭寫著「香吉土[13]柳橙汁」，是Sunkist牌的柳橙汁。

商店裡陳列著各種雜誌，還有《青年男女最愛的雜誌[14]・新女性》這樣的刊物。此外也有《汽車雜誌》，我第一眼看到的時候吃了一驚，原本想伸手去拿，但可惜這本是「Car Magazine」，封面是自動車的照片。也有別的車子雜誌，我還找了一下看看有沒有《火車雜誌》，但沒找到。

台南站的第一月台很寬敞，大概有十公尺寬，上頭延伸出雄偉的鐵骨屋頂，讓我有種站在京都站1號線[15]的錯覺。

11點13分開往台北的「對號特快車」由電力機關車牽引進站，十二輛長編成的藍色車體每一節都像撲上灰粉般髒兮兮的，與鋼體打造的「自強號」、霧灰銀般雅緻的「莒光號」相比，不免遜色。而且還和日本以前的一等車廂一樣劃上一道白線，髒污反而更顯眼，實在讓人很想拿個棕刷把它徹底刷乾淨，但這樣的車廂其實是日本製造的。

座位是朝前的雙人座，雖然像是情侶座，但只要把前座的靠背往另一邊推，就會變成四個人面對面的座位。[16]倒不是只有「對號」才這樣，大部分的普通車都有這項功能，所以不管搭的是「對號」、「平快」或「普通車」，感覺都大同小異，僅有的一項特色，是「對號」的椅背上半部會蓋著白色的布質頭枕巾。

以日本來說的話，「自強號」和「莒光號」的車廂就等同綠色車廂，「對號特快車」則是普通車廂。票價方面，「自強號」要價一百元、「莒光號」要價八十三元的區間，搭乘「對號」則是五十三元，且速度不輸「莒光號」，所以搭的人很多。我所在的3號車廂可以搭載六十四個人，但目前已經超過一半有人坐，等到接近台北應該差不多客滿。「對號」的客群當然也跟「自強號」和「莒光號」不一樣，我想這算是台灣的大眾化火車吧。

對火車便當業者來說，車窗開著的「對號特快車」想必也是貴客，於是他們用更加尖銳的聲音連珠炮似地叫賣著「ㄅㄧㄢˋㄉㄤ、ㄅㄧㄢˋㄉㄤ」，買的人也很多。

前座的小女孩把下巴靠在椅背上，一臉稀奇地盯著我。儘管不是很清楚台灣人跟我有哪裡看起來不一樣，但想想可能是因為我穿著深藍色襯衫吧——在台灣大家都穿白色的。

雖然不是長得特別可愛的女孩子，但因為她直勾勾地盯著我瞧，我於是對她微微一笑，

---

13 應為「香吉士」。

14 應為「青年男女最喜愛的雜誌」。

15 原文「番線」，不同於台灣的月台概念，指的是鐵道路線。

16 此類座位通稱「翻背椅」。

結果她就低下頭，別開了視線，還不時啃著手上的水果。那是我這輩子從來沒看過的水果，形狀像青椒，外面是白的、裡面也是白的，咬下去會發出清脆的聲響，想來口感近似蘋果或小黃瓜吧。

過了一會兒，這個被她咬了一半的陌生水果咚地掉到了我的腳邊。由於椅背是可以推動的，所以和座椅之間有個空隙，水果應該就是從那個空隙掉下來的。是不想吃了才扔掉的吧？真是沒教養的孩子，我暗想。但事情似乎不是這樣，母親跟這孩子好像一起在找掉落的水果。我把那半顆撿起來遞給這位母親，她說了聲謝謝後，也沒擦乾淨就拿給了孩子。

「對號特快車」越過一座座鐵橋，橋頭和昨天一樣有配備刺刀步槍的哨兵站崗。

阿里山森林鐵路

我終於可以搭乘阿里山鐵道了。

我第一次聽到「阿里山」的名字，已經是四十四年前的事了。那是因為我小學四年級的時候，國語教科書上刊登了阿里山蕃的官員吳鳳的故事。大意是吳鳳要蕃人們改掉獵人頭的習俗，因為他很有人望，所以蕃人們一開始還會聽他的話，但不久後卻又堅持要去獵人頭。不得已之下，吳鳳只好對他們說：「你們無論如何都要人頭的話，明天中午會有一個戴著紅帽子、穿著紅衣服的人經過這裡，你們就取下他的首級吧。」隔天，蕃人依照吩咐取下了來人的首級，卻赫然發現那人正是吳鳳。蕃人們於是嚎啕大哭，從此改掉了獵人頭的習俗。故事中吳鳳被獵首後的橋段寫得非常好，是國語課本中讓我印象很深刻的一篇。

至於知道「阿里山鐵道」，應該是我中學一年級或二年級的時候。當時台灣還是日本的領土，所以在課堂上也會像本土地理一樣鉅細靡遺地教授台灣的地理，而且我們的地理老師經常出外旅行，也曾搭過阿里山鐵道。

「阿里山鐵道的迴圈線呢，可不像清水隧道[17]那邊的那種只有繞一圈而已喔，而是骨碌地在同一個地方繞上四、五圈，慢慢往上攀升。看向窗外，明明是一樣的景色，卻一下子在右邊，一下子在左邊，當你以為正往前進時，卻又往後退，到底是朝哪個方向行駛，實在讓人摸不著頭腦。而且啊，那個斜度真不是開玩笑的，就算坐著，身體還是會一直這樣、

17 指日本鐵路上越線上、位於群馬縣與新潟縣之間的隧道，於一九二二年開工、一九三一年開通，全長九千七百零二公尺。

這樣……」

說著，他擺出了一個很誇張的後仰姿勢給我們看。

老師形容得有點誇大，正確來說，阿里山鐵道的「獨立山迴旋」是繞三圈，最陡的地方是千分之六十五，才不會像他那樣整個人朝教室的天花板後仰。但這一點並不會改變阿里山鐵道是聞名世界的山岳鐵道這件事，當時聽了老師這番話，我就一直很想搭搭看，實在想得不得了。

後來歷經了戰爭，接著戰爭結束，可以自由前往海外旅行的時刻終於到來，這時我又偏偏得投身工作，或說天生不得要領，沒有辦法抽空到台灣，結果一拖就拖到了現在——情況就是這樣。

阿里山鐵道的正式名稱是「台灣省林務局森林鐵路阿里山線」。

顧名思義，之所以鋪設這段鐵道，是為了搬運阿里山到台灣最高峰玉山之間的山區茂密的杉木和檜木，從起點嘉義到終點阿里山約七十一．九公里，標高相差兩千兩百四十四公尺，中間會經過二十站、六十四座鐵橋和四十八座隧道，由舊東京帝大教授琴山河合設計，於一九一一年竣工，軌距只有七六二公釐，是被鐵道迷稱為「narrow」的狹狹軌。順帶一提，日本新幹線是一四三五公釐的標準軌，在來線是一〇六七公釐的窄軌，而台灣的鐵道也大半都是一〇六七公釐。

雖說是為了運送原木而鋪設的鐵道，但沿線也有一些小村落，由於最近觀光客變多，所以一天會來回三趟觀光快車及一趟客貨混合、每站都停的列車。柴油快車「中興號」所需時間大約三小時四十分鐘，由柴油機關車後推客車的「光復號」約需四小時，每站都停的列車則約五小時。

12點10分，「對號特快車」準時抵達嘉義，我隨即前往阿里山鐵道的售票口。

我聽說阿里山鐵道的觀光客人滿為患，但今天既不是星期六也不是星期天，而是星期三，何況還是淡季六月，觀光客應該很少，一定輕輕鬆鬆就能買到13點30分發車的「中興號」對號座車票，再不然也可以搭14點00分發車的「光復號」。

結果阿里山鐵道的售票口緊閉著，我張望了半天也沒看到半個人。我想大概是因為離發車還有一段時間，還沒開始賣票，於是打算等一下再過來，這時一位看起來有點邋遢的老婦卻擋住了我的去路。

「車票，有。」她用日文說。

一看，她手裡拿著一枚兩張連在一起的細長形「去回對號車票」，是去程14點00分的「光復號」，和隔天13點30分自阿里山發車的回程，同樣是「光復號」。

我打算搭的不是14點00分的車，而是13點30分發車的「中興號」，而且我的目的是搭火車，哪怕是回程，也沒有在阿里山閒晃到下午一點半的打算。重點是，我可不想買黃牛票。

我搖搖頭並揮了揮手，邁開腳步走向站前廣場。結果對方不死心，再次擋在我面前說：

「阿里山，車票、沒有，車票、沒有。」

一下子說有，一下子又說沒有，真是莫名其妙的老太婆。我不由得停下腳步想看看她在變什麼花樣，結果她一直指著售票口，要我跟著她一起過去。無可奈何之下，我跟著她走回售票口，看了看她指的地方，原來我剛剛沒有注意到窗框邊貼著張名片那麼小的紙片，上面寫著：

「今明日往阿里山住座全售完。」[18]

我認得「售」這個字，意思是「賣」，所以知道紙條上寫的是今明兩天往阿里山的對號座車票已經銷售一空。

而且這張紙看來不是這兩天才貼上去的，已經褪色泛黃，邊角污損，想必是幾天前、甚至幾個月前就一直貼在這裡了。所以應該不是今明兩天的車票剛好賣完了、後天就買得到，恐怕到了明天或後天，都還是「今明日全售完」吧。感覺還真草率，原來阿里山鐵道這麼不近人情。

因為售票口沒人所以沒辦法問個仔細，我也不好就這麼斷言，說不定午休時間結束之後，到了一點售票員就會回來賣後天之後的票。就那張褪色的紙片來看，其實不太可能，就算真的是這樣，我今天就想搭車，沒辦法等到後天。畢竟我都去到高雄了還把屏東線的行程往後延而回到嘉義，就是想要早一點搭到阿里山鐵道。

既然「住座」都賣光了，那我站著總可以吧。不管要站上三個半小時或四個小時，甚至回程都得站著，逼不得已我也只能這麼做了。只是我等了四十年好不容易等到搭乘阿里山鐵道的機會，實在不想搭得這麼克難。

「阿里山，車票、沒有。車票、我有。」老太婆說道。

「多少錢？」我問。

「一千兩百元。」

18 應指「今明日往阿里山座位全售完」。

她隨即用咬字清晰的日文回答。我抵達台灣到現在不過一天一夜，但只要是跟價錢有關的事，對方一定都會清清楚楚地用日文回覆，一點也不含糊，完全不需要問第二次，也不會會錯意。就連先前那位台南司機，也是唯有車資可以字正腔圓地用日語說出來。

話雖如此，一千兩百元太貴了。往阿里山的「光復號」單程是兩百七十元，來回的話打完折大概是五百元左右吧。

「太貴了，太貴了。」我說。因為「全售完」這件事太讓人氣餒了，因此我本來打算不管她開價多高都要買，但一千兩百元實在貴得離譜，所以我才忍不住脫口而出。

「飯店，一起。」結果她一邊這麼說，一邊拿出一張像訂單的東西。一看，上頭寫著「阿里山玉山賓館（旅社餐廳）訂房單」，記錄著房客的名字與人數等等，還分成「套房」和「疊蓆房」，看來是有西式及和式兩種房型的旅社。

那張訂單用紅色油墨工整地印刷，還插了一張複寫紙方便複印。儘管因為老婦看起來像黃牛，連帶顯得她手中的訂單很可疑，但還是頗像一回事。如果是住宿加上來回車票，那麼一千兩百元並不算貴，何況還有「參餐」，也就是包含一天三餐。雖然我並不打算在阿里山待到得吃上三頓飯，但這毋寧是很划算的。

我總算搞懂了事情的來龍去脈。

要上阿里山只能靠阿里山鐵道，所以旅館只要把阿里山鐵道的車票和住宿綁在一起變成套票，就可以吸引客人。既然在車站拉客，那設備應該不至於太差，我還是付了錢，拿到了來回車票和入住單據。

「光復號」在嘉義站北側的月台待機，由柴油機關車牽引四輛黃色[19]的客車編成。

我曾聽說阿里山鐵道的坡度很陡，所以是把機關車放在最後，以後推的方式登山。信越本線的碓冰峠也是這樣，應該是因為機關車可以剎車，放在後方會比較安全。不過此刻則是機關車在前方，還安裝了一塊台灣圖案壓上「光復號」三個字的圓形頭牌。

由於是軌距僅有七六二公釐的狹狹軌，所以客車的寬度也比較窄，一邊是雙人座，另一邊則是單人座，算得上小而美，就像介於火車與巴士之間的產物。

小型火車真不錯。在靠窗的單人座位落坐，感覺氣定神閒。可以細細品味魂牽夢縈的阿里山鐵道，實在讓人喜不自勝，而且意外的是車上也有服務小姐。

「光復號」準時在14點00分從嘉義出發。鏗鏘鏗鏘地，前後傳來的震動果真有搭乘輕便

19 應為鮮紅色。

鐵道的滋味。

車上的空位很多，大約只有半滿。我心想：看吧，就算你買光了所有的票，淡季六月的星期三哪來那麼多乘客。

列車掠過嘉義的民宅屋簷行駛著。雖然形容火車行駛時經常會用「掠過」這種老掉牙的詞，不過阿里山鐵道卻是貨真價實地「掠過」。在日本，也有像江之電那樣緊緊貼著別人家的圍牆行駛的路線，但阿里山鐵道更是有過之而無不及。很多時候屋簷和車窗的距離都不知道有沒有二十公分，明知自己不會把臉伸出窗外，但還是不由得縮起了脖子。

阿里山鐵道的車票背面印有許多注意事項，包括「實行三民主義」、「防止森林火災」、「請勿將頭手伸出車外」等。之所以要乘客別把頭或手伸出車外，我本來以為是因為隧道的寬度很窄或是會擦撞到樹枝，結果別的不說，第一個就會撞到嘉義民宅的屋簷。在日本的話，會說不要把臉伸出去，在台灣則是說不要把頭伸出去，顯然伸出車外的方式會因國情而有所不同，但不管是臉或頭，只要一伸出去都可能會不見。

行駛六、七分鐘後，屋簷已經被遠遠拋在腦後，列車來到了有寬廣調車場的中門站，乘客蜂擁而上。中門這個站名，顧名思義，就是位於嘉義市中心吧。[20]這時車上的空位都坐滿了，連走道上也成排站滿了人。

乘客中有許多小團體，也有看來下一站就要下車的乘客，但大部分應該都是觀光客，有兩名乘客把簇新的行李箱放上置物架，可能是來度蜜月的。站著的乘客當中也有情侶檔，像是因為臨時起意而來不及先買對號座車票，也沒帶任何像是行李的東西。要是搭這班列車去到阿里山，不待上一晚可不成。

服務小姐一邊向站著的乘客借過一邊奉茶，因為只有坐著的位子有茶杯，所以她看也不看那些站著的人。

阿里山鐵道總共有二十座車站，但「光復號」只會停靠中門、竹崎、交力坪和奮起湖四個站。

在抵達下一個停靠站竹崎之前，會先經過朴子溪所形成的沖積扇。沿線有各式各樣茂盛的熱帶植物，因為實在很熱，說得誇張一點，簡直就像行駛在巨大的溫室裡。高聳的檳榔樹、香蕉、芒果、龍眼等，長得又多又密。雖說果樹都是人工栽種的，但和縱貫線沿線不一樣，由於沖積扇的地形高低起伏，所以看起來就像自然叢生的。

20 作者在本段將「北門」記成「中門」，也因此理解有所偏誤。

沖積扇到了竹崎便是盡頭，坡度終於開始變陡，彎道也變多了，還有像遊樂園的小火車會有的急轉彎。在這樣的轉彎處，即使不把頭伸出窗外也看得到列車的編成，不知不覺間由柴油機關車殿後。這叫作「推進運轉」，前頭的客車一馬當先駛入隧道的景象，異常生動而鮮明。

視野豁然開朗，嘉義平原遠遠地在後方伸展開來，車窗右側的朴子溪深深地切削著溪谷，對岸的陡坡則種滿了檳榔樹。直挺挺而沒有分枝的樹幹，遠遠看過去就好像竹叢。

接著通過了海拔五百三十六公尺的樟腦寮站。聽說從這裡開始，植物的分布就自熱帶跨越到暖溫帶，等到超過海拔一千五百公尺，則會變成溫帶植物園。世界上大概沒有別的鐵道可以像這樣橫跨三種植物分布帶，但並不是說一過了樟腦寮站，所有植物分布就一口氣都從熱帶變成暖溫帶，所以車窗外的景致並沒有什麼明顯的變化。不過可能就是因為我這麼想，結果香蕉樹變少了，竹叢越來越顯眼。

過了樟腦寮站，眼看就要來到獨立山三迴旋，也就是阿里山鐵道最精彩的地方。奇怪的是我的內心竟一點波瀾也沒有，真是難以置信，但不管是頭也好、臉也好，總之我很想要伸出窗外看個仔細。

獨立山是玉山還是阿里山延伸的支稜，並不是當真獨立的一座孤零零的山。我想也是。

要是迴旋狀地登上一座獨立的山，最後到了盡頭不就無路可走了。不過，這座山以極為陡峭的角度下降至平原，從某些地方看上去，或許就像是遺世獨立的山峰吧。

悶熱的車廂內沁入了些微山間涼意。就像登上碓冰峠、往輕井澤前進時那種涼爽的感覺，但不知何時，烏雲從阿里山的方位飄了過來。

列車似乎駛進了迴圈線。不過這不像日本的六處迴圈線那樣，只是單純地向左或向右繞，而是一下子進隧道、一下子出隧道，還會忽左忽右地繞彎。

獨立山的迴圈線一般稱作「螺旋線」，畢竟它的確不是「圓圈」而是「螺旋」，所以這樣說也沒錯，但這螺旋卻似乎歪歪扭扭又複雜。

左側靠窗的乘客出現一些騷動。我這邊的窗外只看得到微暗的山壁，但左側窗外的視野卻相當開闊。越過站在走道上的人群看過去，樟腦寮站就位在下方。這大概是第一個迴旋，接下來應該還會看到兩次，到時那座車站想必會變得又低、又遠、又小。

一滴水落在我的手臂上，才想著是雷陣雨，豆大的雨滴便急促地打在我的臉上與膝頭。所有乘客不約而同關上窗戶，關上的那一瞬間就變成了猛烈的雷陣雨。從一開始的雨滴到形成傾盆大雨，只花了不到幾秒鐘的時間。

然而，卻只有我這邊的窗戶關不上。單側卡榫的金屬零件歪掉，卡住外框，怎麼樣都關不起來。我單膝跪在座椅上，把肚子抵在窗邊，使盡全力卯起來敲打，窗戶依然不為所動，這時我的腹部到膝蓋已經溼透了，襯衫和褲子都緊緊貼在身上。我放棄掙扎，站起身來，座位轉眼間就被打溼了。

從窗外吹進來的雷陣雨不只打溼了我的座位，連我後面的位子也遭殃。原本坐在那裡的女孩子已經站到走道上避難，一副嫌棄的眼神，好像在說我「真是沒出息的傢伙」。看來跟她同行的年輕男人把我推到一旁要關窗，接著一陣格格作響，但還是關不起來，只換來一身溼，於是一臉納悶地退開。儘管這證明了關不上窗戶的沒用傢伙不是只有我一個，多少讓我扳回了面子，卻好像讓那些對自己的力氣有幾分信心的男人躍躍欲試，我的車窗本來就已經是乘客的焦點，這下更是引人注目。

幾個男人接二連三地上前挑戰這扇窗，結果個個都溼答答地敗下陣來。其中還有人迫不及待地將終於輪到自己、正使出吃奶力氣的前一位乘客一把拉開。團客連珠炮似地高聲挖苦彼此，歡樂得不得了。大概是因為前往觀光景點阿里山的旅行非常快活，而從嘉義出發要花上四小時的車程很無趣吧。

後來有個看起來有點年紀的人，兩手攀住了置物架的橫桿，把左腳踩在窗框上，伸出右腳用力踹了有問題的零件那邊，結果窗戶咚地一聲就關上了。已經過了獨立山三迴旋，雷陣雨也越過了山頂。

這時林相陡然改變。不見香蕉與檳榔樹的蹤跡，竹子成了主角。那是挺拔的孟宗竹，長到了相當驚人的高度，看起來差不多有日本竹子的一．五倍高，而且竹林非常茂密，因此在林間行駛時四下會變得很暗，幾乎要讓人以為是行駛在野生竹叢間。

列車停靠在交力坪。從嘉義出發後經過一小時五十分鐘，往阿里山的路程已經走了大約一半。在這裡會和從阿里山下山的「光復號」交會，只不過對方還沒有進站。

戴著竹編的帽子賣東西的婦人走在鐵軌上，一邊向車窗那頭的乘客叫賣。她們抱著裝了水果的籃子，但都是些我沒看過的水果，更重要的是，列車應該馬上就會駛入這條鐵軌了。就算阿里山鐵道的車速很慢大概不會有危險，但看在眼裡還是讓人捏一把冷汗，何況生意看起來也沒有特別好，我看客人只掏出了兩張十元鈔票，因為不是什麼高級水果，所以才會那麼便宜吧。阿里山鐵道的旅客列車一天只來回四趟，那麼她們一整天可以賺到多少錢呢？

叫賣的婦人們一退到對面的鐵軌旁，往嘉義的「光復號」便開進站了。

墊在屁股下面的塑膠袋溫溫的，我的汗流個不停。太陽露臉了，不少乘客打開了窗戶，但我不打算開，畢竟要是再下起雨來，窗戶可能又關不上了。

從交力坪也可以看到廣闊的竹林。雖然看不到半間民宅，但不時可以看到抱著一堆竹筍的人影，落葉之間還處處可見冒出了一丁點筍尖的竹筍，六月大概是台灣竹筍的產季吧？

雷陣雨過後，山間涼爽的空氣沁入車廂，讓人想不到兩個小時前嘉義還那麼熱。香蕉與檳榔樹茂盛生長、熱氣蒸騰的景象已經是山下的事了。

接著取代竹子變得引人注目的是杉木。除了一般的杉木，這裡還有喜馬拉雅雪松。

右前方舒緩的斜坡有一個大村落，梯田般聚集的房屋大概有一百間，那正是沿線最大的奮起湖聚落。儘管沒有湖，車站卻又新又氣派，月台上的粗梁支撐著混凝土屋頂，很難讓人聯想到狹狹軌的台車鐵道。

「光復號」一停下來，蓄勢待發的叫賣婦人們便一擁而上喊著「ㄈㄢˋ ㄅㄠ」，「飯包」指的就是火車便當。但是幾乎沒有半個人買，可能大家都預計要在阿里山的下榻處吃晚餐吧。

除了飯包，她們還賣各式各樣的商品，有罐裝啤酒、牛奶糖、魷魚乾等，還有個沒見過的東西，乍看像冰棒，但原來是甘蔗削皮後切成了方便食用的大小來賣，這倒是賣得很好。

或許因為奮起湖是沿線唯一的「城鎮」，叫賣的婦人們穿的衣服也整潔得多，讓我想起超市裡的家庭主婦，還有人很像我家鄰居的太太。

聽說以海拔一千四百零五公尺的奮起湖一帶為界，植物從暖溫帶變為溫帶，也就從竹子變為了杉木。杉木林是人造林，我之前都根據自己對阿里山的印象擅自想像是原生林，因此不禁有些意外。不過有時會看到巨木，還有樹根大到簡直可以在上面相撲的樹墩。在鋪設阿里山鐵道之前，這裡的林相該有多麼壯觀。

「光復號」不急不徐地緩緩登上幽暗的杉山。從嘉義出發已經過了三個半小時，因為我的車窗問題而一度沸騰到頂點的氣氛，也漸漸沉寂下來，車廂內變得安靜無聲。原本站著的乘客幾乎都拿報紙鋪在地上坐。

接連過了幾座短短的隧道。入口處會標示著隧道的編號、長度和標高，我們已經越過了海拔兩千公尺。往下望，山谷埋在雲層裡，雲霧環繞著這座杉山，感覺變冷了。

抵達阿里山之前有四個折返式路線，「光復號」靜默地停在杳無人煙的山中，接著向後起動。剛剛爬坡上來的軌道落差眼看著消失在杉木叢中，然後又重複了一次。樹齡據說有三千年的知名檜木「神木」前也有折返式路線。

吳鳳旅社

翻閱有關台灣旅行的旅遊書，阿里山的住宿只記載了「阿里山賓館」一家，其餘的則用「另有旅社數間」帶過。

我在嘉義不得不購買的住宿券寫的是「玉山賓館」，「玉山」是台灣第一高山，「賓」這個字在日本人看來則會聯想到迎賓館之類，就名稱來說是最高等級，不像在車站兜售住宿券的旅社會取的名字——那裡究竟是怎麼樣的地方呢？

「光復號」準時在18點04分抵達海拔兩千兩百七十四公尺的阿里山站。土產店、狹長的平房與簡易的木板房林立，是個雜亂無章的地方。

出了剪票口，有七、八個人並排舉著印有旅館名稱的旗子，就像日本的溫泉鄉那樣。那位「阿里山賓館」先生站在離大家一步之遙的地方，看上去好整以暇，但要是這麼以為可就錯了。其他夥計同樣靜靜地等著客人，大概都是預約客的介紹人吧，所以才完全沒有上前拉客的舉動。

不過，我卻找不到「玉山賓館」的旗子。下了車的旅客各自到預約的旅館介紹人那邊集合，人數到齊後應該就會一同前往旅館，阿里山賓館甚至準備了小型巴士。

我給其中一名介紹人看了我的「玉山賓館」訂單，詢問：「這是哪裡？」介紹人瞥了一眼，露出有些不屑的表情，回過頭指了指後方。一看，一個身材矮小、衣著寒酸的男人像是敬而遠之那般站得遠遠的，手上也沒舉旗子。

我走近那個男人，給他看訂單。看到我的名字，他自言自語般用日語說道：「是日本人啊？」並對我笑了笑，儘管那笑容令人膽寒，但他看著我的眼神中卻似乎略帶歉意。

「請稍等一下。」他的日語意外地恭謹。照他說的等了一會兒，其他客人也來到了他身邊。有一對年輕男女、一對中年夫妻和看起來像是高中生的兒子，兩組人手上都拿著和我一樣的單據。此外還有另一對中年夫妻，但他們不知道問了介紹人什麼之後才加入我們，八成是沒有預約就來，結果被別的介紹人拒絕吧。這是最後一組客人。

我們一行八人隨著矮小寒酸的男人通過土產店後面的空地，走下雨後泥濘的小徑。和介紹人相比，一行人的穿著打扮要體面多了。大概因為阿里山對台灣人來說是最高級的觀光景點。

從小徑看出去的景色很美。右手邊是我在照片裡看過的斷崖絕壁，高聳連綿，白雲從山谷騰湧上來。雖然如此，近處那參雜著黑色鐵皮浪板屋簷的阿里山聚落，卻讓人聯想起礦工的家。

往下走了大約十分鐘，我們被帶到的地方不是玉山賓館，而是一間叫作「吳鳳旅社」的兩層樓旅館。看起來是不折不扣的山屋，我一心以為來到了旅館，眼前卻是簡陋的建築物。沒有玄關，走進像收納間般的入口，左側是櫃檯與大廳，右側則並排了四間房。要當作是旅館的話，這格局倒也說得過去，只不過一條狗佔據了大廳，剛剛的介紹人還兼櫃檯人員。

中年夫妻竊竊私語，然後拿著行李走了出去。是那對沒有住宿單據的客人，大概是想去看看有沒有好一點的住處吧。介紹人有點難堪地目送他們離去。看來這位大概是介紹人兼櫃檯又兼老闆的先生，人還不錯。

他把鑰匙交給我們，那就像是飯店房間的鑰匙。本來還以為該不會是要讓我們在這邊打地鋪，因此我不禁鬆了一口氣。

最裡面的房間分配給那對情侶，隔壁是我，再隔一間才是中年夫妻和兒子三人組。中年夫妻的房門開著，可以看到裡頭鋪著榻榻米，大概就是所謂的「疊蓆房」。

我住的是「套房」，一坪半大小的空間大半都被雙人床給佔據了，床上也沒有鋪棉被跟床單。房間三面是起伏的三合板，沒有窗戶，但裡頭的牆角倒有一扇門，沿著床緣鑽過去一把門打開，就有兩三隻蛾飛了出來。一瞬間嚇了我一跳，但原來這扇門內是浴室兼廁所，只有這裡有窗戶。浴缸貼有磁磚，馬桶是西式的沖水馬桶，出乎意料地清潔，但我扭開標示著「熱水」的水龍頭，等了半天也沒有熱水出來。

大小各異的十幾隻蛾停在窗戶與牆壁，儘管我對昆蟲一無所知，但台灣似乎有很多珍貴的鱗翅目，要是昆蟲迷在場，眼睛八成都會亮起來吧。

正當我愣愣地坐在床上時，有人來敲門，是剛剛的介紹人請我去用餐。用餐的地方不在這間旅社裡，好像是在外頭。因為那對中年夫妻跑掉了，剩下我們六個人跟著介紹人走到外面。

情侶中的年輕女性換了衣服，改穿白色輕薄的貼身喇叭褲，以及衣領、袖口跟衣襬都輕飄飄的襯衫，大概是因為抵達了阿里山這個觀光景點，所以隨即換上了度假風造型。一雙修長的美腿讓我再次讚嘆台灣女性的好身材，相形之下，男性就顯得平凡無奇，總讓我覺得有點糟蹋了。

我們踏上了前往「餐廳」的小路。走過窄窄的木板橋，跨過水窪，踩過樹根。太陽已經下山了，天色昏暗，只有走在我前面的白色喇叭褲亮晃晃的。

走了約莫五分鐘，我們來到一棟像集會所的木造建築，掛著「玉山賓館」的看板。原來

「吳鳳旅社」算是玉山賓館的別館，用餐的時候就必須到本館來。不過介紹人沒有從大門進去，而是繞了建築物半圈，越過一道小水溝，從後門那樣的地方帶我們進去。

裡頭是長寬約十公尺的地方，天花板吊掛著電燈泡，沿著牆壁排了七、八張桌子，又各擺了幾把椅子。中間有一只大鐵鍋坐鎮，剛煮好的米飯冒著熱氣，中間插著兩隻斗大的飯杓。已經有很多客人在用餐，只剩兩張空桌，我於是和中年夫妻加兒子的三人組併桌。

先到的那些客人幾乎都是穿著工作服的男人，感覺沒有遊客。

每張桌子中間都擺了幾道菜，十二、三歲左右的男孩子收走掃光的盤子，又從廚房端來新的菜，俐落地幹活。

還有兩隻大狗晃來晃去，客人把豬骨扔在地上，牠們便慢吞吞地靠上前去。

我們一入座，少年就馬上端來兩道菜，擺在桌子中間。是燉菜和炸排骨，好像也包含了我的份。同桌的三人起身到大鍋那邊盛飯。

現場沒有菜單，牆上貼的也都是海報，並未掛上寫有菜名與價錢的牌子。

同桌的三位客人都不說話，也沒有客套地請我先用，就開始把菜夾到自己的小盤子裡。

既然不是讓人食欲大開的地方，我索性想先來杯啤酒。不過四下張望了半天，沒有半組客人在喝酒。

我用日語向少年說「啤酒」，但他聽不懂，所以我又用中文說了一次。少年搖了搖頭，似乎是沒有啤酒。結果坐在先到的客人那一桌吃飯的介紹人走過來問我怎麼了，接著說「我去買，啤酒四十元」，我給了一張五十元紙鈔後，他便走了出去，沒多久就拎著黃色標籤的大瓶「臺灣啤酒」回來，我想把找回來的十元給他，但他說什麼也不肯收。

回程的阿里山鐵道車票是「13點30分發車，光復號」。

但我想盡可能搭上7點45分出發的「中興號」。就算早個半天也好，我想趕快下山跑下一個行程，所以不想搭和來的時候同樣的「光復號」，而想搭柴油客車「中興號」。

於是我回到「吳鳳旅社」後便找介紹人商量。

「我明天早上，去車站，換票。」

「但好像都客滿了，這樣行得通嗎？」

「沒問題，我去換。」

他說。

我拿衛生紙抓住床上和牆上的蛾，揉成一團丟進垃圾桶，接著熄燈上床。雖然才八點，但我想早點睡，明天早點起來。

隔壁房間的燈光透了過來。雖說三合板沒有節孔，但吸飽了山間的溼氣變得凹凸不平。從天花板和柱子的縫隙間透過來的亮光，讓我無窗的室內有幾分明亮。

燈光外洩，隔壁男女的談話聲也傳了過來。聲音聽得一清二楚，對方要是說日語，我八成每個字都懂，但當然我是聽不懂的。他們的對話有很多抑揚頓挫，我感覺中文的語調還真是比日語來得強烈。雖然不清楚他們談話的內容，但似乎不是在討論喜歡或不喜歡之類的，彼此又急又快地交談著。是在聊生涯規劃，還是也提到了生氣的事情呢？兩人連珠炮似地交談著。

但不久他們熄了燈，氣氛又為之一變，或許也因此讓我打消了睡意。在想睡又不想睡之間，反倒想要再喝一杯了。

走出房間，介紹人——不，現在應該叫他老闆才對——自己一個人在看電視。畫面是彩色的，看來吳鳳旅社的設備就屬這台電視最豪華。

我知道台灣有一款酒叫作紹興酒，雖然喝過幾次，但是是像老酒摻水那樣的酒。不過老闆從地上的木箱中拿出來的不是紹興酒，而是一支用鮮豔的顏色印著「烏鶏酒」三個字、約莫兩合裝[21]的瓶子。

「台灣，酒很貴。喝這個精神好。」老闆說道。

這麼說來，雖然上頭印有「精研配方」，販賣所卻是「中華民國臺灣省菸酒公賣局」。售價是一百元。

我喝著這款草藥和香料味很重的紅色的酒，和老闆一起看了會兒電視。演員的扮相如同京劇般華麗，手中揮舞著青龍刀，一一砍倒了反派，想來就是古裝劇吧。台灣的電視頻道有「中國電視」、「中華電視」、「臺灣電視」三台，都是民間電視台。洗潔精廣告和日本的很像。

凌晨三點，附近傳來第一聲雞啼。

到了四點，有人來敲門。

「您要去看日出嗎？」

老闆問道。阿里山日出和雲海很有名，好像搭小型巴士到祝山展望台就可以看到，但我回答「不去」，繼續睡回籠覺。

21　日本舊制尺貫法沿用至今的度量單位，一合約一百八十毫升。

到了七點，我走到外頭眺望阿里山群山，老闆從車站方向的小路下來，告訴我「車票，換好了」。

阿里山站內，Shay式蒸汽機關車[22]冒出一陣陣的煙。可愛的蒸汽機讓人想起日本的「義經號」和「弁慶號」，只是構造截然不同，汽缸不是水平配置，而是直立式的。又因為驅動裝置全都配備在右側，所以車體偏左，從正面看過去更是討人喜歡，據說是為了適應陡坡才這樣設計的。從美國引進至今六十幾年，肩負阿里山鐵道重任的「Shay」，至今仍在阿里山一帶辛勤工作。也有旅客拿著相機在拍照，想來它離廢棄之日恐怕不遠了。

看完「Shay」後，我搭上了7點45分發車的「中興號」。「光復號」的頭牌畫的是台灣，「中興號」畫的則是中國大陸。

果不其然，全車客滿，還有一群讓人聯想到農協[23]大嬸的婦女團體。雖然很吵，但不像昨天那樣有雷陣雨從關不上的窗戶濺進來，三節車廂編成的快車「中興號」一路順暢地下坡。我在奮起湖買了三十元（一九〇圓）的「飯包」，飽覽了從獨立山三迴旋所眺望的景色。

「中興號」再次掠過民宅的屋簷，在11點25分抵達嘉義。

天氣很熱。感覺有三十五度左右。尤其是從阿里山下來，所以感覺更熱了吧。四十年來的憧憬告終，我不會想要再去阿里山，卻唯獨懷念那股涼爽。

那兒。

我到阿里山鐵道的售票口看了一下，「今明日往阿里山住座全售完」的紙片仍舊貼在

22 近年由阿里山林鐵處將其中文定名為「夏依式」，過往鐵道文化界也曾依其特性譯為「傘式齒輪蒸汽機車」。

23 日本的農業協同組合，乃由農業經營者共同組織的農業合作社。

六月四日（三）

阿里山——台中

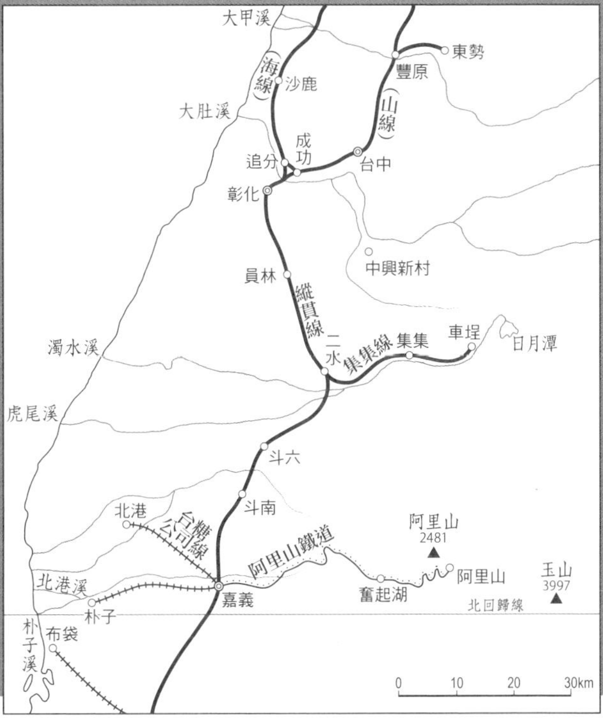

3

台糖公司虎尾總廠路線

台灣的《旅客列車時刻表》最後有一欄「公營民營鐵路聯運線里程及票價表」，收錄了兩條路線。一條是阿里山鐵道，另一條則是「台糖公司虎尾總廠路線」，起自嘉義、終至北港，里程有十八・七公里，票價六・五〇元。只不過雖然刊載了阿里山鐵道的時刻表，卻沒有「台糖公司」的時刻表。

我此行的目的是搭乘相當於日本國鐵的「台灣鐵路局」全線與阿里山鐵道。但除了這些之外，還有台糖公司的某某線，既然明確記載了里程數和運費，不免讓人耿耿於懷，不禁也想搭看看。

台糖公司路線的乘車處在嘉義站的後側，雖然跨越車站內長長的跨線橋有點不方便，但我昨天還是趁著等阿里山鐵道的時間去查好了列車時刻表。因為公告上只有嘉義發車的時刻，為了問到回程從北港發車的時刻我煞費苦心，但據聞從嘉義起的下行有6點40分、12點50分、17點05分三個班次，從北港起的上行則有6點15分、12點25分、16點45分三班。

這條路線和阿里山鐵道一樣是狹狹軌，所以行駛十八・七公里勢必要花上一小時，這麼一來，從兩站的發車時間判斷，上行列車和下行列車會在中途交會。明明一天才往返三趟，卻安排了兩節編成的列車，還真是大手筆，但對像我這種閒閒沒事卻要搭到北港又想馬上掉頭的人來說，這時刻實在不合我意。下一班從嘉義出發的列車是12點50分，但搭上後折返的則是16點45分從北港發車的班次，中間得等上三個小時。為了區區十八·七公里卻得浪費掉寶貴的半天。

我在紙上寫下「北港車站」，拿給在嘉義站前等客的計程車司機看。搭計程車的話，要趕上12點25分從北港出發的上行列車便綽綽有餘，可以省下四個多小時。

計程車司機興沖沖地點了點頭，用日語說「北港是吧，兩百五十元」。明明是跳表計費卻直接報價有點可疑，不過兩百五十元換算起來大概是一千五百八十日圓。

往北港的路很寬敞，是六線道，不過路上的車卻少到讓人不明白到底為什麼要蓋一條這麼寬的路。計程車飛快馳騁，儀表板的車速不時超過一百公里，早知道路上車這麼少，找巴士搭說不定也來得及。

馬路兩側幾乎都是水田，偶爾會出現甘蔗田。嘉義是台灣的主要糖產地，我現在要去搭的台糖公司鐵路就是為了運糖而鋪設的。我以為這一帶會是一望無際的甘蔗田，結果卻不是這樣。

在路邊先是看到了「鈴木機車」顯眼的看板，接著經過停著幾十輛機車的販賣所前。不僅如此，沿路還有很多日本企業的廣告，包括國際牌、佳麗寶、速霸陸和馬自達，以及「合利他命F」。

打從我一上車司機就在放的車內音響也是日本歌謠，插在卡槽裡的卡帶側標印有「百樂音樂帶・美空雲雀」。

駛過北港溪上方的長鐵橋，從嘉義縣進入雲林縣，台糖公司的大型工廠出現在眼前，已經到了北港車站。那是一棟石板瓦屋頂、像倉庫般空曠的建築物，站前停著公路局的巴士，這裡大概也兼作巴士的候車處。

站前的馬路有少少幾間商店，卻不見人影，是一座熱氣蒸騰、塵土飛揚的冷清車站。就在我抵達的同時，停靠在一旁往台南的巴士載著兩三名乘客駛離。剛好到了正午。

偌大的車站裡，候車室的木頭長椅並排著，感覺坐得下一百人，卻連半個人也沒有。不過售票口開著，一位上了年紀的站務員坐在那兒，不知為何我覺得他看起來像是日本人，彷彿陰錯陽差被留在台灣似地。

到嘉義的車票是和日本的一樣大的硬紙卡，印有「六・五〇元」的字樣，上頭卻又用橡皮章蓋了「停用」兩字。我付了十三元，所以應該是一口氣漲了兩倍，就算這樣，十八・七公里只要十三元（八二圓），也是很便宜。

車站內沒有旅客卻有商店，一個三十歲上下的女性埋在成堆的商品裡翻閱雜誌，我買了果汁和「森永牛奶糖」，就是牛奶焦糖。

我獨自坐在站內空蕩蕩的長椅上喝著果汁，隨即看到一個邋裡邋遢的大叔走了進來。他一看到我，便踩著拖鞋啪嗒啪嗒地靠了過來，用日語說道：「你是日本人吧？」我肯定地回覆後，他便在我旁邊坐了下來，問道：

「今上天皇，還活著嗎？」

我告訴他天皇陛下仍健在，他便鬆了一口氣似地點了好幾次頭說：「他那個兒子，娶了平民，還真是稀罕呢。」

他好像只是想對日本人說這些。

接著大叔說起了許多戰前的回憶。他的小學老師是鶴田老師，出身四國、劍道兩段，是既厲害又溫柔的人。後來他又垂著眼說道「他在支那事變[24]中戰死了，真的是個很好的老

24 指一九三七年肇端的中日戰爭。

師」，然後往地上啐了一口口水。是紫色的。

是因為他咬了那種顏色的樹果嗎？大叔不斷吐出紫色的痰，一邊說起自己的事。他在站前的馬路邊經營香鋪，一問之下，原來今年五十三歲，我不由得脫口說出「跟我同年」，結果他吃驚地盯著我，一直說：「你看起來很年輕。」儘管我的外表看來確實比實際年齡輕，但也是因為這位大叔看起來太老了。

話題從年齡轉向我住在日本的哪裡、東京是個什麼樣的地方。

「你是從日本搭船來的嗎？」大叔問道。我說不是，我是搭飛機來的。

「原來是搭飛機啊。」

他的眼睛睜得老大，用像飛行員那般的眼神注視著我。

12點25分從北港出發往嘉義的「台糖公司虎尾總廠路線」列車，編成是五節客車加上一節貨車，比想像中的還要長，但月台更長，足以容納超過十節車廂。站內也很寬敞，鋪設了好幾條貨物用的側線。雖說如此，鐵軌上雜草叢生，貨車數量很少，大概和日本一樣，送貨的方式已經從鐵道轉移到卡車了。

比鄰寬廣的車站，矗立著台糖公司的大型工廠，粗大的煙囪冒出淡淡的煙。莫非這就是虎尾總廠？但是查看地圖，北港的北邊有一個地方就叫虎尾鎮，再查閱戰前的時刻表，北港和虎尾間有大日本製糖的軌道，還刊載了列車時刻。這麼說來，這個區間是保留下來不載客的貨物專用線，要是搭上貨物列車到虎尾，就會有更大的製糖廠，那或許就是虎尾總廠。事實上，狹狹軌的軌道也往和嘉義相反的方向延伸。雖然想問問站務員，但這問題有點複雜，我剛結束和會吐紫色痰的大叔那番令人應接不暇的對話，此刻向人搭話或被人搭話對我來說都是苦差事。於是我搭上了藍色塗裝的客車，座位是背向窗戶的長條椅，椅子則是木頭的。

馬上就要發車了，卻不見乘客，我搭的這節車廂沒有別人，隔壁那節車廂也沒有，是不折不扣的空車。剛剛的大叔說早上和傍晚會擠滿去嘉義上課的學生，那除了使用通勤或通學月票的人，其他人八成都是搭巴士吧。

不管列車起不起動，都不會給我以外的人添麻煩，眼看就要到發車時間，卻完全沒有要連結機關車的樣子，實在說不準到底會不會依照時刻表發車，結果，到了發車前一分鐘，不知從哪裡冒出了黃色的小型柴油機關車，通過隔壁的軌道，不久便傳來連結的震動，就像利用那股衝擊的反作用力般，列車隨即起動。時間是準點的12點25分。

行經軌條接縫匡噹匡噹的震盪透過木頭座椅傳到腦門，就像搭乘台車那樣。不光是椅子的緣故，還因為彈簧硬梆梆，道碴也凝結了吧。畢竟原本就是為了載運甘蔗而鋪設的軌道，所以也算不上豪華，反觀阿里山鐵道，雖然也是貨物線，但我來回搭的都是專為觀光客打造的特別車廂。

列車隨即越過北港溪長長的鐵橋，正是先前那條水量不算充沛、河灘卻很廣闊的河川。鐵橋的結構叫作鈑梁結構，是單純從下方支撐的構造，也沒有供道班使用的檢修通道。另一方面，列車車門就這樣開著，可能是要自己去關起來，但我索性放著不關，站在門邊往下看，腳底下正是河灘。鐵橋很長，高度雖然不算特別高，卻也不是摔下去還能沒事。列車左右搖晃，長長的鐵橋讓人感覺又更長了。

這條線相當有意思，雖然不在原本的計畫裡，但搭到真是太好了，我滿心歡喜，可惜一過了鐵橋，沿線就是無盡的水田、菜圃和甘蔗田，風景索然無味。

北港再過去三站叫作新港，是小有規模的城鎮，有七、八個小學生上了車。他們戴著黃色的帽子、揹著黃色的斜背包，胸前還有四位數的學號名牌。因為年紀還小，活力旺盛地在車廂內跑跑跳跳，還在兩節車廂間跑來跑去，只是車門就這樣開著，車廂間的貫通道也沒有風擋，實在讓人捏一把冷汗。

活力充沛的小學生下了車，又變得空蕩蕩的列車停靠在有待避線的車站。是僅有短短月台的無人車站，車站前也沒有住家，但或許是要在這裡和12點50分由嘉義發車的下行列車交會吧。

下行列車遲遲不來。鐵軌在菜圃和甘蔗田中筆直延伸，又因為速度很慢，列車看來就像是一個圓點那般，來到這裡好像得花上五分鐘。

司機員和車長都在鐵軌上走動。鐵軌旁有棵芒果樹，只長了一顆芒果。兩人輪流伸長了手握住芒果對望，似乎猶豫著要現在就摘下來吃，還是再放一天等熟一點再說。結果今天沒摘芒果，沒多久遠處就出現了下行列車的身影。

抵達嘉義是13點40分。從北港行駛十八．七公里花了一小時十五分鐘。雖說為了列車交會而在田間停留了十五分鐘，但也實在太慢了。

步出剪票口，我隨興瀏覽著狹小車站內的公告。儘管不會再利用這座車站了，但這是我個人的習慣。

結果除了剛剛搭乘的「北港線」，原來還有一條「朴子線」，分明寫上了發車時間，八成是昨天來勘查的時候，我一心以為只有往北港的線而沒有注意到別的。真是一時失察。

雖然有一股衝動想搭這條朴子線，但下一班前往朴子的班次是17點05分，也就是得等上三個半小時。這只能說好險。因為要是當下就有往朴子的車，我八成會想都不想地跳上車，後續的行程於是跟著大亂。

我唯一的根據《旅客列車時刻表》上，只刊載了台糖公司的嘉義到北港這條路線，所以民營鐵道看來只有這一條。不過現在卻還有一條同屬台糖公司的朴子線，而且也會載客，事實擺在眼前。這麼說來，或許還有其他路線也不一定。

打開戰前的時刻表查看台灣的鐵道路線圖，會看到許多民營鐵道，其中大多是以嘉義為中心的製糖廠鐵道。隨著汽車的普及，我想這些路線泰半都像北港到虎尾那樣停止載客、成為廢線，雖說如此，但恐怕並不是所有路線都廢棄了。就算現在台糖公司的這兩條路線都稱不上完備，但畢竟仍在行駛，其他應該也是一樣的情況。

我是為了搭乘鐵路局全線和阿里山鐵道才來台灣的，只要搭到這些就心滿意足了。今天搭乘的「北港線」算是小插曲，所以就算還有「朴子線」在行駛，也不是非搭不可，只是明明知道它的存在卻不搭，和不知道它的存在而沒搭，兩者的意義截然不同。

畢竟包含朴子線在內，或許還有其他路線存在，但我可沒有那麼多時間去搭乘民營鐵道，當務之急是跑下一個行程，這樣才對……。我懷著幾分遺憾在筆記裡記下了朴子線的發車時刻，步出台糖公司鐵路的嘉義站。

集集線

前天搭了「自強號」，昨天搭了「莒光號」和「對號特快車」，今天我則打算要搭次一等的「平快車」，和再次一等的「普通車」。這麼一來我就搭遍了台灣鐵路局的五種列車。

今天接下來的行程是搭乘14點06分由嘉義出發的「平快車」，14點51分抵達二水，在僅有的四分鐘轉乘時間裡，改搭集集線的柴油客車到終點車埕，接著回到二水，然後在這裡利用接得剛剛好的兩分鐘轉搭「普通車」，到台中住一晚。這段嘉義到台中的行程讓人很滿意，想到自日本出發前，我從各方面評估時刻表時，也是唯有這一段分毫不能動。

然而14點06分從嘉義出發往台北的「平快車」卻晚了三分鐘。雖然僅只三分鐘，但因為在二水轉車的時間只有四分鐘，所以實在令人焦急。而且接著應該馬上就會有14點12分發車的「自強號」駛來，按照原訂的時刻表，「平快車」會在四站後的斗南被「自強號」追越，但如果晚了三分鐘，在嘉義就會發出待避「自強號」的列車指令吧，這麼一來就會拖得更晚了。在二水轉乘的集集線兩小時才有一班，要是沒搭上可就大事不妙。

我原本就聽說「自強號」經常延遲，我前天搭的時候也是若無其事地晚了三十分鐘。我本來以為今天八成也會延遲，所以不會對我搭的「平快車」造成任何影響，沒想到結果是「自強號」準點行駛，追越了我的「平快車」。因為「平快車」延遲而必須待避「自強號」，結果晚了十一分鐘才從嘉義出發。

「平快車」的乘坐率和我昨天搭的「對號特快車」一樣高，目測有百分之六十左右。「平快車」的車廂幾乎都是面向前方的雙人情侶座，椅背上的頭枕巾不是布，而是塑膠的，除此之外和「對號」沒什麼兩樣。但跟「對號」不一樣的是「全車自由座」，或許也因此夾雜著通勤和通學用的車廂。是我們很熟的那種車門旁邊是長條椅，還有皮質吊環、行駛在日本大都市近郊區間的車廂——熟也是應該的，畢竟是日本製的。[25]

雖然我搭的就是通勤和通學用的車廂，但非字型靠窗的座位都被坐滿了，我只好坐在車門邊的長條椅上。

車門是自動門，而且照理說沒有每扇門都關好應該不能發車，卻偏偏只有我身旁那扇門沒關上。不過「平快車」仍不當一回事地起動了，看來是改造成門沒關上也能行駛的構造。

從嘉義前往二水的路上鐵橋尤其多。我今天和敞開不關的車門及鐵橋特別有緣，而且這回還是以時速一百公里在電氣化雙軌的縱貫線上疾馳。

有小孩子在走道上跑來跑去，就連坐著的我靠車門那側的腳都得用力才能穩住了，不禁暗想這樣搖搖晃晃的不知道會發生什麼事，但他的母親似乎沒有放在心上。

說時遲那時快，那個年幼的孩子就這麼踉踉蹌蹌地朝我這邊撲了過來。我下意識地半起身、攤開了雙手，唯獨此刻，那名母親飛奔了過來。

列車最後晚了七分鐘，在14點58分抵達二水。14點55分出發往車埕的列車正等著我們這班車。

集集線自二水沿著濁水溪往東延伸，到鄰近日月潭的車埕為止，是二十九．七公里的盲腸線。[26]

車廂是「柴油車」，也就是所謂的柴油客車，時刻表中在列車號碼上印了個「柴」字。看到這個字，我不禁想起戰時的「木炭車」，但現在的燃料當然是重油。

14點55分從二水出發往車埕的集集線列車是兩節柴油車，晚了五分鐘才發車，兩節車廂的乘客加起來大概有三十人。如果是日本的地方線，這個時段的下行列車上會有很多高中

---

25 應為印度製。

26 此處對盲腸線的認知或有誤，集集線並非盲腸線，後述的內灣線亦同。

生，但這班列車只有一般民眾，沒有高中生。就我前天搭「自強號」時從車窗看到的，在經過通過站的月台和平交道時有一群人很像高中生，時間則是下午四點到五點，他們的放學時間比日本還要晚。

柴油車的座位也是非字型的雙人座，椅背可以朝前或朝後，因此傾斜了二十度左右，比日本地方線的普通車更好坐。

列車和縱貫線並行往南行駛了一陣子，接著緩緩向左彎。縱貫線的電車線被拋在腦後，眼前是一片茂盛的香蕉園。精心種植的香蕉樹確實有一種凜然的氣勢，一片葉子幾乎就有一條被子那麼大。葉子透亮澄澈的翠綠讓人看得入迷。

有一半的乘客在下兩站的濁水下車，接著就是陡峭的上坡。香蕉園已不復見，濁水溪廣闊的山谷貼在右窗邊，左邊窗外則變成了陡峭的山壁。

從二水出發後三十分鐘抵達集集。我想既然可以當線名，那城鎮和車站應該都小有規模吧，沒想到卻是個蕭條的地方，車站也很小，只有幾名乘客下車。

下一站是水里，山谷狹窄、耕地有限，除了大型木材廠以外，看來什麼也沒有。大多數的乘客都在這一站下了車，河階上大概也有村落吧。

體格壯碩的副站長拿著路牌，威風凜凜地站在月台上，對面則是令人懷念的臂木式號誌機。這麼出色的構圖讓人忍不住想拍幾張照，只可惜遠景有發電廠，屬於禁止拍攝的設施。

一過水里，山谷越來越窄，坡度也變得很陡。柴油車卯足了勁、加足了馬力，緩緩地攀登山谷。我查過時刻表，知道下一站就是終點站車埕，但就算不知道，整個氣氛還是會讓你察覺。

終點站車埕是像木材放置場那樣的車站，四周中小型的木材廠林立，站內還有堆放著檜木圓材的成列敞車。

根據時刻表，這班列車抵達車埕應該是15點40分，回程則是15點43分發車，只間隔了三分鐘。

我的車票上寫著「至車埕站」。不過我到車埕也不是因為有什麼事要辦，所以馬上就要搭這班車返回。

有三分鐘的時間，本來應該夠我出剪票口去買到二水或台中的車票。偏偏我搭的列車一直維持在二水時的延遲五分鐘，15點45分才抵達車埕，已經超過原訂43分的發車時間，感覺隨時可能會在我去買票的時候起動。

因此我把車票拿給站在月台的車長看，向他說出類似「我想要原車返回二水，請賣票給我」這樣的話。除了二水跟車票兩個單字以外，我用的都是日語，結果變成好像用日語說得通的地方我偏偏用了中文，而只能用中文表達的地方我卻用了日語。

車長指了指剪票口，似乎是告訴我出口在那邊。

我揮揮手又搖了搖頭，一副不想出剪票口而想搭這班車的態勢，一頭霧水的車長只好請來副站長。

年紀稍長的副站長會日語，所以聽得懂我的意思，但似乎無法理解搭到終點站卻不下車、想要原車返回的做法。他歪著頭直盯著我，一副奇怪的日本人闖入了自己地盤的表情。但這也並非什麼不可理喻的事。畢竟鐵道是移動的工具，因此人們一旦抵達目的地，不去完成某件事就不會折返。本來是這樣沒錯，到站後什麼事都不做又搭回程的人才可疑。就連在日本，就算近來鐵道迷聲勢壯大，包括我在內，多了很多搭車方法千奇百怪的人，國鐵方面雖然表示理解，這樣的人卻直到不久前都還會被懷疑搭霸王車。

不知道是不是因為中國人心胸開闊，副站長的語氣並沒有懷疑我搭霸王車的樣子，而是認真地試著理解我。所以他說：

「就算你是搭錯車，車票也是到車埕，不能搭到台中。要請你買一張從這裡到台中的車票，不好意思。」

因為我滿口台中、台中，副站長好像以為我的意思是一開始打算去台中，卻不小心買了往車埕的票，於是根據票面搭到車埕來，但原本是想到台中，所以現在請他讓我用這張票搭到台中去。虧我本來還想好好解釋自己是「為了搭集集線才來的」、「只是想來搭火車」。

儘管如此，對方還是以為我本來想去台中，卻因為誤買了往車埕的車票只好到車埕來，不是乘客與車票，而像是貨物和吊牌的關係，縱使有理說不清，但結論就是要買車埕到台中的車票，實際上也算是託這場誤會的福。我點點頭，副站長於是向車長下達指示。

折返的列車晚了七分鐘才從車埕出發，其中大概有三分鐘得算在我頭上。

由於回程是下坡，列車飛快地馳騁，並沒有感受到柴油車引擎的震動。

一過水里，車長走了過來提醒我是到「台中」，然後便要發售車票給我。這張車票和在日本補票完全不一樣，是明信片大小的薄紙從中間剪成四小條，也就是兩端相連沒有剪斷，每一條都印有刻度和數字，單位各是「百元」、「拾元」、「壹元」、「壹角」，假使車資是五十三元，就撕掉「百元」紙條「〇」的地方，「拾元」是「五」、「壹元」則是「三」的刻度。然後一半交給乘客，另外一半則由車長自己留著。車資是五十三元的話，車長拿回去的冊子上的數字就是六十四元，我記得的或許不完全正確，但做法大抵如此。

如同注連飾[27]那樣飄啊飄的「補價表」上，用紅色的油墨印上了「一切力量，投入反共」的字樣。

這列兩節的柴油車從延遲七分鐘追回四分鐘，在16點31分回到二水。原本應該有兩分鐘轉乘，結果縱貫線上行「普通車」在16點29分準時開走後，往台中、台北方向到發列車的二水車站第一月台，宛如被刷洗過一般，不見半個人影。

海線、山線、循迴追分線[28]

一來縱貫線的列車班次頻繁，二來我今天到台中只是要過一晚，所以就算錯過16點29分從二水出發的普通車也沒什麼大不了，但沒搭上原本計劃要搭的車，還是讓人笑不出來。這種感覺就和在日本錯過火車沒兩樣，那我大可不必千里迢迢來台灣錯過火車。

我愣愣地站在第一月台，上行的「自強號」以超過一百公里的高速掠過，我隨即翻看「時刻表」，似乎是14點57分從高雄出發的「自強號」，下一個停靠站是16點58分在彰化，而現在是16點37分，二水到彰化間的距離是三十二．〇公里，所以是準點行駛。因為我前天搭的

「自強號」晚了三十分鐘，所以我還以為這不是準點的，沒想到昨天和今天倒是都很準時。

五分鐘後的16點42分，上行的「莒光號」通過，這班列車在三站之前的斗六被「自強號」追越，就像是要「雪恥」那般，飛快地掠過二水站的月台，疾駛而去。

我要搭的是16點55分開往台北的「平快車」。這是被「自強號」和「莒光號」追越的列車，到了二水的下一站田中還會被「對號特快車」追越。縱貫線上有五種速度不一的列車爭搶一條路線，車次非常密集，所以對照時刻表會別有一番趣味。就算這班是「平快車」，三個小時後也會在新竹追越「普通車」。台灣鐵路局想必也有足以和過往的日本一分高下的出色的「運行圖專家」[29]。

可惜16點55分從二水出發的「平快車」是「走海線」，不會經過台中。我在彰化下了車，轉搭17點58分出發、「走山線」的「莒光號」。

27 稻草編織的繩圈，在日本新年時家家戶戶會掛在門前祈福。

28 現慣稱「成追線」。

29 指鐵路機構裡調製列車運行圖（diagram）的專業部門或是職員，要先由這個部門規劃縝密的運行圖，才會有公告的列車時刻表。

從彰化起分成海線和山線，儘管都是單線，不過兩條線有一段平行的區間。看起來像是雙線，但因為經山線的「莒光號」行駛在東側，乍看像是「靠右行駛」。在這樣的區間行駛了大約五分鐘，越過大肚溪上長長的鐵橋，海線才終於往左駛離，接著取而代之的是一條弧度很大的軌道慢慢靠近，與山線合併。這就是將海線與山線縮短的「循迴追分線」，連結了海線的追分站與山線的成功站。兩站的距離只有一公里左右，望向左側窗外，就可以看到像是追分站的建築。

要說我在這裡為什麼要寫得這麼詳細，是因為我從日本出發前就一直猶豫著要不要搭這條「循迴追分線」。

「循迴追分線」行駛的是一天來回兩趟的客車列車，兩趟都是為了將台中的乘客經由海線送往台北方向。由於台中站屬於山線，經由海線等於是繞遠路，但或許是因為山線沿線人口稠密、列車班次太過密集，才會迂迴地經由海線吧。不過南下到彰化再折返可是會多繞十幾公里的遠路，所以才經由彰化的前一站追分（海線）和成功（山線）的聯絡線，也就是「循迴追分線」。

正因如此，追分和成功之間的聯絡線一天會有兩趟旅客列車往返。所以說，這個區間顯然是載客的路線，被有志搭遍台灣鐵路局全線的人視為絕對不能錯過的區間。

然而，「台灣鐵路管理局餐旅服務總所發行・旅客列車時刻表」書末收錄的「客運營業里程表」中，卻未刊載追分到成功區間。因此這個區間並不是正規的營業路線，而是依班次調配的迴送路線，也就是不搭其實也無妨。

日本的國鐵也有兩條這樣的路線。從鹿兒島本線直通筑豐本線的列車不會經由轉乘站折尾，而是迂迴地繞過貨物線自黑崎往中間，因為這個區間不是正規的載客路線，所以就算沒搭過也可以當作已經搭遍國鐵全線。在這樣的情況下，折尾就相當於彰化，黑崎到中間就相當於追分到成功。

另一個則是東北本線直通水戶的急行「筑波嶺」，這班列車不會經過兩條線的轉乘站小山，而是通過非旅客營業路線的側線，同樣是不搭也無妨。

因此，追分到成功之間——也就是所謂「循迴追分線」，可以說與志在搭乘台灣鐵路局全線的我八竿子打不著，偏偏這是日本式——或說國鐵式——的思考方式，在台灣是不是也應該比照辦理，又是另外一回事了。但不管怎麼說，無視定期旅客列車實際行駛的區間，難免有些彆扭。日本的兩條繞道也是不搭總覺得有點遺憾，所以我是搭過的。折尾那條是順其自然地搭到了，但當時我卻是特地為了小山的側線而去搭「筑波嶺」。

要是心裡過不去，那就別囉哩囉嗦，直接去搭「循迴追分線」就好了。心存懷疑的話，不妨就遵循自己搭車的原則。但畢竟一天只有兩班車往返，實在很棘手。如果現在打定主意要搭「循迴追分線」，就只剩下面這種方式了。

首先，搭上21點39分從台中出發的普通車回到彰化，再搭22點43分從彰化發車、走海線的普通車到沙鹿。沙鹿就在棘手的追分的下三站，要是在這裡搭上23點17分往台中的「莒光號」[30]，就可以藉由「循迴追分線」在23點41分抵達台中。之所以不到追分而是到沙鹿再折返，是因為「莒光號」不停沙鹿到台中區間，所以不會停靠在追分。

話雖如此，這樣的行動未免太蠢了。不過是再次在黑暗中駛過我已經透過車窗看遍的追分到成功間僅有的一公里。這大概要花上兩小時左右，但這兩小時用來體驗台中的夜晚應該更有意義吧？饒是我，也只能這麼想了。

轉一個大彎從左側逐漸靠近的「循迴追分線」，過了成功站的車站後就被併入山線，消失無蹤。

台中柳川西路

「莒光號」準時在18點13分抵達台中。

天氣很熱，熱到讓人後悔怎麼不搭有冷氣的特快車。而且一出剪票口，拉客的人就蜂擁而上。他們一邊給我看像高雄那樣的飯店傳單，一邊跟了上來。我不斷擦著汗，走過站前廣場，到了中山路他們都還跟著。是因為今天客人很少嗎？還是向來都這麼積極？簡直糾纏不清。雖然我還沒訂今晚的旅館，也沒盤算好住在哪裡，但還是鐵了心一直走。

好不容易等到他們死心離開，我看到一間「寶島大飯店 FORMOSA HOTEL」，於是走了進去。

台灣的飯店都會標示中文名稱與英語名稱兩種招牌，有像亞士都大飯店（Astar Hotel）、哥倫比亞大飯店（Columbia Hotel）那樣用漢字來表現英文發音的；也有像天使大飯店（Angel Hotel）、華華大飯店（Flowers Hotel）那樣中譯或英譯的；還有像福壽大飯店（Lucky Hotel）、全安大飯店（General Hotel）那樣有點牽強的意譯，更有圓山大飯店

30 根據時刻表，此班應為「柴對快」而非「莒光」。

（Grand Hotel）、美侖大飯店（Frank Hotel）這種八竿子打不著的名稱，雖然五花八門，但這間「寶島大飯店」的英文「Formosa（台灣）Hotel」，大概可以歸到牽強附會那一類吧。

進到房間裡安頓好後，年輕的房務員端了茶進來，接著就像高雄的飯店那樣用日文問我：「一個人嗎？」既然訂的是「單人房」，那當然是一個人，但對方特地這樣問，總覺得別有用意。

「我們有，漂亮小姐。」房務員不斷這麼說，好不容易請他離開後，我馬上進浴室洗衣服。前天晚上太累，一回到飯店就倒在床上呼呼大睡，昨天的吳鳳旅社看起來也不像可以洗衣服的樣子，我的待洗衣物已經累積了三天份。

我把帶來的繩子吊起來，將洗好的衣物一件件掛上去，接著便去泡澡。今天天氣特別熱，我全身都是汗，泡澡是最大的享受。

泡得爽快舒適後從浴缸裡起身，這才發現沒有浴巾，也沒有毛巾。不只是浴室裡沒有，翻遍整個房間也找不到半條，我只好光著身子打電話請房務員拿毛巾來。

房務員飛也似地趕來，卻兩手空空，沒帶毛巾不說，還不時瞄著別人的下面，又在那邊說：「我們有，漂亮小姐。」

台中有一條兩側種了柳樹的柳川，旅遊書上寫著西側的柳川西路入夜後會有許多攤販，綿延達三百公尺。

我很喜歡偷偷觀察市場和攤販，所以想去逛逛，但在這之前，則想先去品嘗道地的中國菜。來台灣這三天都沒吃到什麼好東西，所以今晚我打算嘗嘗台灣的特色料理。

因此我沿著熱鬧的中山路往柳川的方向走，要找一間不錯的店。

沿途餐飲店林立，還有很多店前吊掛著脖子被切斷的鴨子。我看到蛇店的一角設計為用餐區，有兩個年輕人面對面坐著，於是停下來瞧瞧他們是不是在吃蛇肉，結果不過是炒麵罷了。看來頗美味，但我可不想在蛇群蠕動的玻璃櫃旁邊吃麵，想想還是去更像樣的店好了，所以最後過門不入。

此外也有號稱「餐廳」、感覺有模有樣的店，這種店都隔著厚重的黑色玻璃門，看不見裡頭，感覺門檻有點高，我也就敬而遠之。像這樣一邊找尋喜歡的店，一邊在陌生的城市閒逛，正是旅行的樂趣之一，但我對台灣實在完全不了解，所以多少會覺得格格不入。一路上都沒看到想進去的店，就這樣走到了柳川畔。原來柳川兩側雖然種了成排的柳樹，河水卻受到污染，跟以前的隅田川一樣臭氣熏天。我連忙掉頭，接著推開了門柱刻著五彩繽紛的龍的餐廳玻璃門。

吃飯就要選人多的店。以我在日本各地旅行的經驗來說，確實是這樣沒錯，或許可說是放諸四海皆準的真理吧。所以我打算推門進去瞄兩眼，如果店裡空無一人，就擺出搞錯店家的表情，全身而退。

然而，推門進了店內，只看到櫃檯和厚重的門簾而看不到裡面，身穿旗袍的長腿小姐嫣然一笑，向我點了點頭。

感覺有點可怕，彷彿要被料理的是我，但被帶到裡頭之後，發現原來只是一間再普通不過的餐飲店，有十幾張鋪著白色桌巾的圓桌，還有幾桌客人。

小姐拿菜單來給我，雖然在日本也是這樣，但中國菜的菜單上，菜色實在多到讓人不知從何下手。所以我向來都點個前菜海蜇皮、湯的話就是魚翅湯，剩下的就隨便，交給同桌的人發落。只是這份菜單上沒有日文假名，我就算看了也不懂，要是胡亂點一通，結果端上一整隻烤乳豬，那就太不妙了，因此我用日文說了「魚翅湯」。

中國菜不適合獨享，就算點「小份」的分量也很大，不過我很喜歡魚翅湯，就算來三人份也可以自己吃個精光。所以點這一道的話就讓人比較放心，何況我本來就想在物價便宜的台灣大吃特吃要價不菲的魚翅。

年輕小姐面有難色地歪著頭，叫了比她資深的小姐過來，結果那位大姊也是一頭霧水，又從裡面請了一名上了年紀、有點福態的男性過來。

「魚翅湯，是有的。」他用日語說道。

接著又說：

「只有一個人的話，點小份的就可以了吧？」

難得遇到語言相通的老闆，所以我又說「前菜要海蜇皮」，但這句卻不通。對方好像知道「前菜」的意思，但聽到「海蜇皮」卻一副不解的樣子。翻看菜單上前菜的品項，怎麼樣都找不到「海月」或「水母」，中式餐館怎麼可能沒有海蜇皮，怕是表記的方式不一樣。沒辦法，我只好在筆記本畫上水母，兩位小姐看了竊笑不已，年邁的老闆則笑著說：「我明白了。」

我點了啤酒後，小姐拿著裝在提籃裡、常見的那款「臺灣啤酒」過來，倒了一杯在玻璃杯給我，再把酒瓶放回提籃，然後擺在我腳邊。為什麼提籃得放在地上呢？大概是怕跟空瓶混淆吧，只是感覺一不留神就會踢到。我把啤酒從提籃拿起來放到桌上，小姐隨即走過來，致意了一下，又為我在玻璃杯裡斟滿啤酒，再把酒瓶放回我腳邊的提籃。

酒都喝完了前菜海蜇皮卻還沒上，明明只要盛到碟子裡就可以上菜了，動作還真慢。正這麼想，小姐便端著看起來很重、擺在托盤上的大湯盅過來了。說什麼「點小份的就可以了」，結果魚翅湯還是很大一份，就算這樣，湯品比前菜先上也未免太奇怪了。

這道魚翅湯不像日本中餐館的那樣呈淡褐色，而是深褐色，而且還勾芡，口味和色澤一樣重，香辛料的味道也很強。這大概是福建或廣東的道地風味，但對習慣不道地風味的我來說並不合胃口，明明是很喜歡的菜色，卻連三分之一都吃不完。

我不好意思地放下筷子，環顧四周，發現女服務生們的旗袍開衩開得很高，都快開到腰際了，然後腰部以上的布料非常服貼，簡直讓人擔心她們到底要怎麼穿脫，而且旗袍下除了身體輪廓以外看不到其他線條，令人不由得尋思她們裡面什麼也沒穿，所以一雙腿才會看起來更修長。中國女性的腿很長，包括臉在內，上半身雖然看起來像自己的同胞，下半身卻比較接近西方人。

終於，「前菜海蜇皮」端上來了，乍看就像一盤炒香菇。

柳川西路的攤販街是從柳川西岸往另一條西邊的大馬路綿延。

日本的露天攤販都是面向人行道排成一排，這裡則是成排面向馬路，而且還會往車道延伸四、五公尺，在人行道之間則會擺放桌椅，供人用餐。因此有告示寫明，攤販出攤的傍晚六點以後車道剩下一線道，車子僅能單側通行，算是半個行人徒步區。

擺在攤位上的都是吃的跟喝的，不愧是充滿山珍海味的台灣中部，加上中國人幾乎什麼食材都吃，因此菜色種類非常豐富。

小隻的青蛙被開膛剖腹朝上疊在一起；攤位上只擺著鴨脖子；大盤子裡盛著小顆牡蠣。雖然牡蠣熱到快要融化了，但聽說是這裡的特產。儘管我懷疑六月天吃牡蠣真的沒問題嗎，但其實不是生吃，而是在鐵板上炒熟才吃。

特別引人注目的是水果，種類相當豐富。除了香蕉、芒果、龍眼、椰子、梨子、桃子、鳳梨等等，還有很多叫不出名字的。

儘管都是生鮮食材，但和市場又不一樣，在這裡幾乎看不到提著菜籃的主婦，大部分是上班族、年輕男女、攜家帶眷出來散步的人，坐在攤子後面的椅子或長凳上啃著鴨肉或水果。生食則會用中式炒鍋或鐵板炒熟，又或是成串烤來吃。

大家只是吃東西，少有人喝酒。我看到一間賣生啤酒的店，一群年輕男性正喝著啤酒，其他倒沒見到賣酒的店及喝酒的人。

由於盛產水果，所以有很多果汁攤。至於果汁的價錢，檸檬汁、甜瓜汁之類大概都是十元或二十元，唯獨椰子汁要價三十元（一九〇圓），似乎是高級的飲料。

我找了張桌子坐下，點了三十五元的椰子汁看看，看起來像中學生的女店員把杯子拿到水桶裡沖一沖後放在我面前，接著將瓶子裡的水倒進杯子。不過我想喝的是椰子汁，可不是水，但這個女生似乎不打算拿堆積如山的椰子挖洞倒出椰子汁給我，而是接著用高八度的聲音招攬過路客。於是我拍了拍她的肩膀，比了比椰子，意思是請她趕快處理我點的椰子汁，結果她指了指杯子裡的水，表示那個就是。我還以為這杯是水，沒想到是椰子汁，我再看了看杯子裡的水，是有一點點濁，但如果沒人說，我怎麼看都像一杯水。結果滋味也淡如水，大概就像在水裡滴上兩三滴牛奶那樣淡而無味。

我還在水果攤買了一些看都沒看過的水果，六種各買一份，要價三十元。雖然很想知道這些水果叫什麼，但問問題跟聽回答都很費勁，所以我選擇閉嘴，之後回到旅館查閱旅遊書，應該是荔枝、釋迦、楊桃和蓮霧等。

結果拎著一整個塑膠袋不知名的水果走在路上時，情況和之前不一樣了，開始有人出聲招呼我，大概因為我看起來像是願意掏腰包的客人吧。後來被招呼聲吸引，吃了擔仔麵。雖然是湯頭清淡的湯麵，但一樣猛烈竄上一股香辛味。香氣的來源是切碎的、像鴨兒芹那樣的葉子，我試著單獨咀嚼了一下，香氣非常強烈。

就算不加這種葉子應該也很好吃才對，我恨恨地想著，一邊將這個像鴨兒芹的葉子挑出來才繼續吃。

嘴裡臭氣熏天。我突然想喝咖啡，因此離開柳川西路，走中山路往站前去。

但我偏偏找不到咖啡店。雖然有「咖啡廳」這樣的店，但那其實是茶室，也就是摸摸茶。

明明已經晚上九點半了，路上的店卻都還開著。日本的商店街以前也會營業到晚上十點左右，不知從何時開始，變成六、七點就打烊了。雖說來台灣旅行到現在也才三天，我卻不由得感覺自己像是身在昭和三〇年代中期的日本。

因為外頭很熱，所以每間店都是門戶大開，很多是全家大小一起在看電視，感覺上彩色電視和黑白電視各半。很少店家有冷氣，頂多偶爾會看到餐飲店寫著大大的「冷氣開放」，原來就算在台灣這麼熱的地方，電視還是比冷氣更早普及。

西點店櫥窗裡陳列著「蛋糕」，雖然字面看來讓人覺得怪怪的，但指的其實是西式糕點。還有裝飾蛋糕，用巧克力寫上了「樂味生日」[31]，大概是慶生的蛋糕。

31 應為「生日快樂」。

不只一般商店，連醫院也都還在營業。比起「醫院」兩個字，我覺得那樣平易近人又開放的店面叫作「醫生的店」更貼切，牙科之類的醫院不僅可以從外面看見候診室，連治療室都可以一眼看穿，看診時間則和商店一樣，外頭貼著：

「上午九點半～十二點半，下午二點～六點，晚上七點半～十點」。

都已經快十點了，有的醫院還有四、五名病患在等候，八成要看診看到十一點了。

好不容易找到一間咖啡店，店鋪裝潢和日本的很像，但比較少年輕男女，衣著得體的中年顧客較多，和「自強號」及「莒光號」的乘客滿類似的。

咖啡飄散著咖啡香。自從來到台灣，入口的都是超出預料之外的滋味，雖然讓人吃不消，但如果都是些平淡的體驗也沒什麼意思。咖啡一杯四十五元（二八〇圓），和其他東西相比貴得多。

六月五日（四）

台中——台北

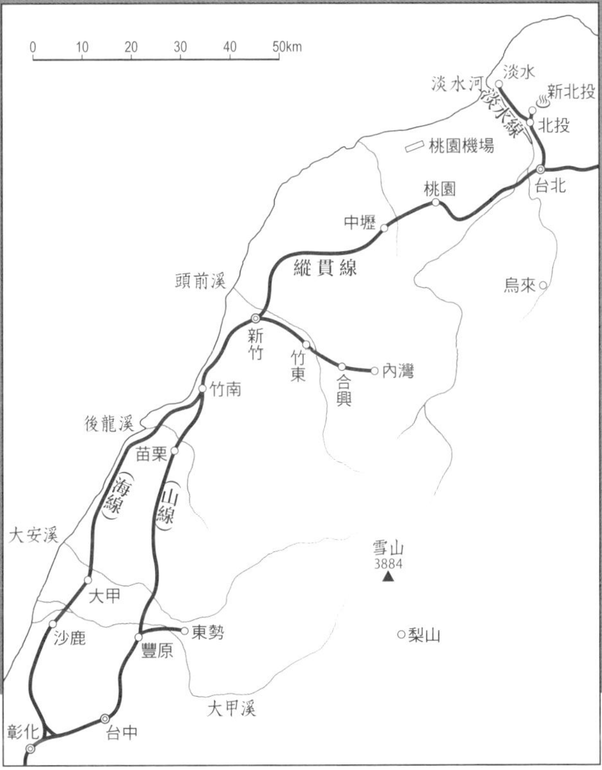
0 10 20 30 40 50km
淡水河
淡水
新北投
淡水線
北投
桃園機場
台北
桃園
中壢
縱貫線
頭前溪
烏來
新竹
竹東
合興
內灣
竹南
後龍溪
苗栗
海線
山線
大安溪
雪山
3884
大甲
沙鹿
豐原
東勢
梨山
大甲溪
彰化
台中

4

東勢線・內灣線

今天預定沿縱貫線北上，途中還會搭乘三條地方線。

六點四十分離開「寶島飯店」，路上人已經很多。從站前要走到鬧區的人，以及呈反方向匆忙地走向車站的人熙來攘往，還有摩托車來來去去。警察站在路口，高中女生也舉著旗子站在那邊。

台中車站的正面掛著巨大的電子時鐘，上頭有「浪琴」的英文字樣，高雄車站的電子時鐘則是「精工」的。

車站旁邊有「鐵路餐廳」，外頭貼著「經濟客飯六十元」的菜單，七點才開始營業。我想吃個吐司也好，但還有五分鐘才開門，我又非搭上7點11分出發的列車不可，所以根本沒時間。想著想著，不經意地朝裡面探看，結果有個胖胖的白髮服務生打開了門，用日文說了聲「請進」，招呼我進去。我說我趕時間，對方重重點了頭，告訴我「沒問題」。

老服務生向廚房吆喝了兩聲，吐司、火腿蛋跟咖啡隨即送了上來。動作實在很快，不禁令人感到佩服，對方則自豪地笑了笑。這份晨間套餐售價四十元（二五〇圓），比昨晚咖啡店的咖啡還要便宜。

有兩位似乎正準備去上班的年輕女性也走了進來，啃起了一大片切片西瓜。

7點11分從台中出發的上行普通車上都是中學生和高中生，穿戴著卡其色的制服、制服帽，胸前還縫著一塊繡有校名、學號和姓名的布。大大地反折的帽子讓人聯想到納粹的青年軍官，帽子徽章上則有「學生」兩字。台灣中學生與高中生好像都是穿戴卡其色的制服跟制服帽，每個車站在早晨和傍晚總有滿滿的卡其色。抵達台灣的第一天，我還以為這個國家有這麼多軍人。

行駛了約十八分鐘，我在第二站豐原下了車。這群中學生和高中生也在豐原下車。

今天第一個要搭的地方線是從豐原向東分歧到東勢、約十四・一公里的東勢線。東勢究竟是什麼樣的地方，台灣觀光協會的旅遊書上並未記載，所以不得而知，總之是位在大甲溪畔的城鎮。

下一班往東勢的列車是7點49分發車，但還沒進站。就時刻表來看，應該是7點43分抵達的上行列車折返。

深藍色加上白線的柴油車是由兩節車廂連接，在布滿電車線的豐原站，沒有集電弓而緩緩駛入的模樣，果然洋溢著地方線列車的風情。下車的乘客大約有五十個，大部分都是中學生、高中生和通勤的上班族，還有挑著扁擔、上頭掛著籃子賣東西的婦人。旅客的組成分子和日本地方線早上的上行列車簡直一模一樣。

兩節車廂的東勢線列車抵達後有一節分離，另一節則在7點49分開往東勢，乘客只有四、五個。車廂內的構造和昨天搭的集集線一樣，座椅的椅背可以前後翻轉，坐起來同樣很舒適。

一節車廂的柴油車緩慢駛過水梨園與葡萄園，停靠在沒有車站建築的無人站，有一位乘客下了車，又有一個人上車。上了車的這名乘客長得有點像日本人，讓我覺得自己好像在搭日本的地方線。

過了梅子這個無人站，接著越過對地方線來說似乎有點奢侈的長鐵橋，渡過大甲溪。從這一帶起，兩岸變得很窄，平原消失無蹤，軌道也變成了上坡。從右邊窗外看到紅磚砌成的古老民宅逐漸靠近，便是抵達了終點東勢。東勢是在大甲溪從山谷出平原的地方所開闢的「谷口聚落」，距離豐原十四．一公里，乘車時間是二十四分鐘，這一點也和日本的地方線大同小異。

8點13分抵達的柴油客車只停了四分鐘便折返，這番匆忙的樣子，和日本也很像。

我快步走出剪票口，將事先準備好的紙條遞給窗口。

「新竹（豐原→新竹、平快車）」

先前已經說過，台灣鐵路局的車資會根據列車種類而有所不同，如果想轉乘不同種類的列車——就像我接下來要搭的路線裡，東勢到豐原是普通車、豐原到新竹則是平快車——要怎麼買票我實在搞不清楚。雖說到了豐原站出剪票口，再去買往新竹的平快車車票就好，偏偏在豐原轉車的時間只有三分鐘，所以才得一次買好到新竹的兩段列車的車票。而且我也很好奇會買到怎樣的車票。

窗口的服務人員是個中年人，在窗後盯著我，一副見多了的樣子點了點頭，給了我到新竹的普通車票和「補價票」。補價票是手寫的，用來證明已經收取豐原到新竹的平快車運費和普通車運費之間的差額。我原本還滿心期待會給我有點意思的車票，結果落了空，但窗口指指補價票，用日文對我說：

「這是急行券喔。」

台灣在日本時代和內地一樣分成車票和急行券，所以眼前這位應該是記得當年做法的站務員吧。

從東勢上車的只有我一個，大概是因為這樣，售票員、剪票員、副站長，還有司機員乃至車長都感覺很稀奇似地圍在我身邊。大家似乎對我剛搭這班列車抵達又馬上要搭回程的舉動百思不解，副站長用日文說道：

「這樣很浪費車票呢。」

因為他們懂日語，所以我解釋自己來這裡的目的就是為了搭火車，結果大家聽了面面相覷，個個一頭霧水。直到看到我手裡拿著「時刻表」，才又驚呼：

「時刻表[32]！你居然有？」

我試著問他們台灣有沒有喜歡鐵道的人、小孩子會不會拍火車的照片之類，因為我對有汽車休閒雜誌卻沒有火車雜誌這件事耿耿於懷。

「沒有，台灣沒有。」副站長回答。

後來站員們揮著手目送我離開。包括副站長在內，每個人都長得很像日本人，長褲皺巴巴的樣子也和國鐵的員工很像。

兩班列車都準時發車，我在10點12分抵達新竹。新竹是內灣線的分歧站。

內灣線指的是新竹到內灣之間的二十七·九公里，沿頭前溪往山間運行的盲腸線，沿線有石灰岩山脈和水泥工廠，運行班次很多，一天往返十六趟，幾乎一個小時就有一班，下一班發車的時間則是10點30分。

我在新竹站的售票口購買到內灣的「去回票」。票面印著「十五元」，但實際的車資是二十八元，因為五月三日調漲過。雖然已經調漲了一個月，但每個車站都還是使用印著舊車資的車票，車站公告的運費表也還沒有重寫，只在上頭斜斜地貼著一張「停用」的紙條。

二十八元折合日幣大約是一百七十五圓，要是搭乘日本的國鐵來回同樣的距離則要價六百四十圓，所以費用算是很便宜，但從十五元調漲到二十八元，漲幅還是非常大。

台灣的物價平均來說不到日本的一半，鐵道車資尤其便宜，對帶著美金或日幣來的外國人而言，就算漲價也沒什麼感覺。但像我買車票時都會興沖沖地覺得撿到便宜，一旦發現五月三日調漲過，也會感到吃了一記悶虧。因為調漲如下：

自強號	未調漲
莒光號	未調漲
對號特快車	調漲百分之二十一

32 此處喊的是中文。

快車（平快車）　調漲百分之三十五
普通車　調漲百分之八十七

雖然我不清楚台灣鐵道的營運情形，但曾聽說乘客都被國內航空及高速公路搶走，跟日本同樣陷入經營困境，這或許象徵台灣的交通系統已經和先進國家並駕齊驅了吧。話雖如此，照這個調漲方案看來，感覺跟日本國鐵不調漲新幹線特急運費和綠色車廂運費，卻調漲通勤、通學區間的票價是一樣的意思。

內灣線的月台位在新竹站第二月台往台北的地方。月台的一部分劃分出來當到發站，孤零零地停靠著一節柴油客車，這樣的景象和日本的地方線如出一轍。

不過和集集線或東勢線相比，內灣線的乘客比較多，有一半的座位都坐滿了。10點30分發車的下行列車有這麼多人搭，透露了沿線活絡的景況。

一節柴油客車沿著河階的水田行駛。從左邊窗戶看出去是一望無際的頭前溪河灘，寬廣的河道足以媲美天龍川與大井川，可惜我並不知道河水流經哪裡。

自新竹出發後二十五分鐘，右邊窗外有大型的水泥工廠和林立的民宅，已經到了竹東。專門用來載運石灰石的石斗車排成一列。大部分的乘客都下車了。

離開竹東，行駛在長長的鐵橋上渡過頭前溪，往右岸的梯田爬行。敞開的窗外突然飄來陣陣熟悉的氣味——是堆肥的臭氣。沒看到化糞池，唯獨那氣味明顯飄散在空中。

在九讚頭站進行了利用蒸汽機關車將貨車調車轉線的作業。在台灣，雖然蒸汽機關車也幾乎都停用了，但據說在站內的業務上仍大為活躍。

坡度變得很陡，山谷也變窄，感覺已經到了終點站。然而一節車廂的柴油客車在合興這個折返站駛過裝載石灰石的裝置下方，接著繼續往上爬。

群山矗立在面前，11點22分，抵達終點內灣站。這裡和東勢一樣，是古早的紅磚民宅櫛比鱗次的谷口聚落。

我到了這裡之後隨即返回，同樣讓站務員覺得很稀罕。從抵達到發車只有四分鐘，但自新竹搭來的柴油客車被留置在側線，取而代之的是由機關車牽引的兩節客車列車，在11點26分出發。

搭乘柴油客車從內灣到新竹的話大約需要五十分鐘，但查看時刻表，這班客車列車抵達新竹卻是12點35分，多了快二十分鐘。因為機關車牽引的客車列車開得很慢，往往會比柴油客車更晚抵達，但晚二十分鐘也未免太多了。而且翻查時刻表上各站的時間，好像是因為在合興和竹東會停很久，所以才變成這樣。雖然時刻表上只刊載發車時間，但和前一站之間所花費的時間與其他列車相比要長得多，因此在合興與竹東站應該會執行某項作業。

我這麼想著，一邊默默期待，結果在合興站的折返式路線只有機關車暫時分離折返，我所乘坐的客車被留下。側線有一列長長的貨車滿載著石灰石，機關車接上貨車尾端，接著從後方推動，鏘地一聲和我的客車連結。雖然是客貨混合列車，但貨車車廂數量很多，客車車廂則只有兩節，變成像是伴隨著貨物列車運行。

另一方面，戴著礦工帽的礦工也魚貫地搭上客車。他們不管是臉或工作服都沾上了石灰粉，一身灰撲撲的，一同吃起便當。原本只有我一個人的車廂，變成了語氣激昂的中文你來我往、高聲交談的街頭。

從合興出發大約二十分鐘，車廂內再次飄散著堆肥的氣味，抵達了竹東。左窗外，巨大的水泥工廠像城郭般矗立，俯瞰著城鎮。貨車在這裡分離，吃完便當的工人們也下了車，這段搭車的時間大概就是午休吧。

12點35分，抵達新竹。一從山上下來，我便覺得特別熱。新竹向來風大，是素有「風城」之稱的舊城下町，不巧的是這天偏偏沒風。

我接下來要搭的地方線是起點在台北的淡水線。

下一班往台北的是12點49分出發的普通車，但緊接在這班車後面，有12點54分發車的「莒光號」，會在下一站竹北追越普通車，在14點03分抵達台北。就算到了台北，我除了搭淡水線也沒別的事要做，所以其實不急，只是我後來還是決定要搭有冷氣的「莒光號」。走到售票口，跟之前一樣，窗口隨即給了我手寫的對號座車票，到台北是八十七元（五五〇圓）。要是搭乘日本國鐵相同距離且速度和設備都與「莒光號」相當的列車——也就是特急綠色車廂的話，則要花上三千零六十圓。

「莒光號」的乘坐率大約是百分之四十。快到台北時，就會陸續出現嶄新的工廠和一幢幢公寓，對我來說，就像結束了一段旅程、回到東京那樣。

越過幾個停滿了機車的平交道，14點03分，列車抵達台北。和三天前搭過的、14點00分出發南下的「自強號」在車站內錯身而過。

淡水線．新北投

踏上睽違三天的台北車站，站前的熱鬧景象讓人有些無所適從。三天前的台北站前還飄散著上野站那樣的鄉村氣息，而今天再見竟彷彿別的都市。

而且天氣實在很熱。因為剛剛搭的是有冷氣的「莒光號」，所以才讓人更覺得熱。日照並不強，不知道是不是因為霧霾的關係，頭頂雖然有雲，卻還是很悶熱。饒是平常不太流汗的我，汗水也一下子就浸透了襯衫。

天橋對面聳立著希爾頓大飯店。旅遊書裡寫道，台北的飯店當中，立地在郊區丘陵、展現中國宮殿般威嚴的圓山大飯店雖然赫赫有名，但其次，位在市區的國賓大飯店和這家希爾頓大飯店也具備頂級水準。

因為是高級飯店，所以設有航空公司的營業處，當然也有冷氣。總之我走進希爾頓大飯店，到中華航空的櫃檯去。往東京的班機人很多，我原本屬意六月九日上午的班次，結果都客滿了，倒是16點45分出發的還有空位，我也就訂了下來。

看起來像是商務人士的日本人和美國觀光團在大廳來來去去，雖然我在這裡似乎有些不搭調，但這麼熱的天氣還要出去實在是件苦差事，因此我索性住下來。櫃檯的女性冷冷地說：「單人房，沒有，雙人房，有。」一間房是一千兩百元（七五〇〇圓）。

不愧是一流飯店，房務員並沒有問我「一個人嗎」。

進了房間當然是先沖澡，接著洗衣服，然後一絲不掛地坐在桌前計算至今的乘車里程數。鐵路局的路線有五百三十八・五公里，是全線一千零三十四・二公里的百分之五十二・〇七，外加搭乘阿里山鐵道和台糖公司線的九十・六公里，總計六百二十九・一公里。

淡水線是台北到淡水之間的二十一・二公里，但中途還有一條從北投到新北投的一・二公里短支線，終點站淡水則是在淡水河廣闊的河口右岸開闢的港都。由於是有兩百萬人口的台北的近郊鐵道，因此行駛的班次很多，台北到北投間一天內就會來回三十五趟。

台北站的月台有四個，淡水線的到發月台是離車站建築最遠的第四月台。

16點40分從台北出發往淡水的是前端的柴油機關車加上六節客車車廂的編成。雖然淡水線也行駛柴油客車，主力卻是客車列車。座位是跟國鐵通勤電車一樣的長條椅，整齊劃一地懸掛著皮革吊環。果然不這樣設計，就沒辦法在尖峰時刻容納更多乘客。

由於是16點40分出發，所以還看不到上班族的身影，清一色是學生。以穿戴卡其色制服、制服帽的中學生和高中生居多，女學生也穿著顏色類似的褲子，感覺就像搭上了軍用列車。此外本就有幾名穿著短褲的女性。儘管聽說過在戰時體制下會鼓勵女性穿褲子，但短褲在台北實在很引人注目。

還有抱著一疊書或筆記的青年，大學生的服裝不受規定，胸前也沒有別名牌，但倒是沒看到留長髮的。

抱著紙箱兜售冰棒的人撥開學生往前走，箱子上寫著「快樂·雪冰菓」。有高中生買了一支兩人分著吃，但大多數的學生都在讀教科書。那教科書密密麻麻的都是漢字，印刷品質也比日本差。大概因為正逢期末考吧，但就算這樣，放學後還肯翻開教科書的學生在日本可是鳳毛麟角。

新蓋的公寓和休耕的農地交錯著，在彷彿日本都市近郊的地方行駛了二十五分鐘左右，就抵達了北投，車上約莫一半的人下了車。

過了北投沿著淡水河右岸行駛，就來到接近河口的地方，河水滯留形成了水面廣闊、蘆葦叢生的沙洲。

再往前行駛，河面越來越寬，就像海灣。涼風從窗外吹了進來。

17點23分抵達淡水。車站位在港口前方整整一公里，所以並沒有什麼港都風情，站前林立著普通的商店與餐飲店。

我接著搭乘17點35分的班次折返。我心想回程車廂內八成空無一人，沒想到卻有很多通勤與通學的乘客，連要找一個可以拉的吊環都費了一點工夫。

一發車，就能看到右窗後方淡水河廣闊的河口，加倍鮮紅的大太陽逐漸落入地平線。由於萬里無雲，所以並沒有晚霞，平凡無奇的落日反而因此更顯莊嚴。想來明天也會是炎熱的大晴天吧。

在淡水的下一站竹圍和17點00分自台北出發的下行列車交會，果然大部分的乘客都是穿卡其制服的中學生和高中生。

我在北投站下了車。對向月台停著一節往新北投的柴油客車。我飛快地上車，正等著18點00分發車時，17點30分從台北出發的下行列車也抵達了，許多乘客都轉搭往新北投的列車。這時已經不見中學生和高中生的蹤影，眼前盡是通勤的上班族。男性穿著白色的開襟襯衫和深藍色褲子，女性則幾乎都穿著樸素的連身裙。

淡水線的支線北投到新北投之間僅僅一・二公里，才剛剛發車掠過民宅，沒多久就抵達了炭黑的木造終點站。車站雖然老舊，周邊卻有不少新蓋的大樓和旅館，很是顯眼。

新北投是一個遠近馳名的地方，出名到有些日本人會只知道台北跟新北投兩地。打開各種介紹台灣的旅遊書，一般都會概括說明新北投是位在台北北部郊區的溫泉溫柔鄉，飯店和旅社沿著涓涓細流興建，也有很多日式旅館，就像箱根的溫泉鄉，因此還跟箱根的湯本溫泉締結為姊妹溫泉。但這些內容旁邊還會有印刷字體略小的專欄，很多都下了「新北投旅情」之類的標題。

其中提到，新北投是國家唯一認可的溫柔鄉，一入夜，被稱為侍應生的女性便會由業者派遣、坐在機車後座前來。她們會在筵席上唱日本歌，還會到客人的包廂提供無微不至的服務，這方面的內容寫得更詳細而具體。我在買台灣旅遊書時都會先翻看這幾頁，內容差不多都是這樣。

然而，根據最新版的旅遊書介紹，自去年一九七九年七月起，新北投已經禁止提供這類細緻的服務，不再是官方公認的溫柔鄉。要是有人誤以為我是因此才投宿在台北市區而非新北投，那可就傷腦筋了，但總之新北投就是這樣的溫泉區。

造訪新北投溫泉的人大概都是搭巴士或計程車吧，從柴油客車下車的人沒有半個看起來像要去過夜的，也沒有人在拉客。

車站前有個小公園，兩邊各有一條路，我走的是右邊那一條。

由於三面環山，因此馬上就遇到上坡。道路彎彎曲曲，大小飯店和旅社都隔著恰到好處的距離，的確神似箱根湯本。

不知道是因為時間還早，或是由於官方公認的頭銜被取消了而變得蕭條，路上沒什麼人，旅館也靜悄悄的。但放眼看去，有的旅館結帳處旁邊的長椅上還有女性聚在一起。儘管禁止提供那樣的服務，但仍然認可侍應生的存在嗎？

有時會有機車要從我身邊經過，這種時候我都會靠邊走並且回頭看一下。因為對方坐在機車後座，一眼看不出那樣的打扮是不是侍應生，而且還有各式各樣的人雙載。有時背後一傳來機車的聲音，我心想來了來了，滿懷期待地轉頭一看，結果卻是兩個男人；或是想著後座八成是個美女吧，結果定睛一看卻緊貼著個小孩子。儘管穿著開衩很高的旗袍的應該就是侍應生，但年齡層也很廣泛。

台北的夜晚

天色暗了下來，我搭18點47分自新北投出發的列車折返，在北投換車，在台北的前一站雙連下了車。台北的鬧區中山北路位在離雙連約步行五、六分鐘的距離。

我先從民生東路的商圈往東走，不久便來到中山北路口，接著右轉朝南走。中山北路是設有分隔島的大馬路，國賓大飯店、航空公司的營業處、銀行、大型商店等林立，一點也不有趣。

沿著中山北路走七、八分鐘，左轉南京東路，三、四分鐘後又在林森北路左轉。這一帶左側有各式各樣的餐飲店，也有蛇店等等，雖然頗有意思，但我還是姑且先往北邊走。左邊有好幾條霓虹閃爍的小巷，我想這裡就是鬧區的中心地帶，心裡有個底了，便走到民生東路，左轉回到出發點。這樣繞一圈大概花了三十分鐘，差不多是從銀座通八丁目走一趟四丁目、數寄屋橋、新橋的時間。

因為心裡有底，我接著走進小巷看看。氣氛類似大阪的南區，有的巷子裡還都是以日本人為客群的店。有「江戶前壽司」和「天婦羅」的招牌，還有店名叫作「京都」跟「桃太郎」的。店面感覺也很日式，裝設了格子窗之類，店員站在門口用日文大聲招呼「請進」。聲調高亢且語速很快，我當下還想著，莫非在台灣住久了的日本人都會這樣講話？結果仔細一看，他們都是中國人。

此外還有鎖定日本顧客的土產店。大理石雕刻、佛像、旗袍、色彩鮮豔的工藝品等，琳瑯滿目，還用日文寫著「觀迎到本店選購土產」。也有好幾家西服店，有的店門口還貼著一張「明天前可取件」的紙。

在台灣，很多時候都可以用日文溝通，不過這指的全都是口頭對話，至於日文的招牌或告示則是一個也沒有。像桃園國際機場，採用日文告示的話，疏通人潮或處理庶務應該就會更順暢，但卻也完全不見日文告示——唯獨這條小巷例外。

這一條南邊的小巷裡，咖啡店和理髮廳林立。每次看到「廳」這個字，我都覺得特別莊嚴，和業種不太相符，後來才總算習慣了。要是台灣民眾看到宮內廳之類的詞，不知道會想起什麼？

咖啡廳的門扇是深色玻璃，看不到裡頭。淫靡的氣息從店內流洩了出來，旅遊書上寫道這是非正派經營的茶室，不去為妙。通常別人這樣說只會讓我更想進去瞧一瞧，但既然書上要人止步，想必是有相當的經驗與自信吧。日本也有很多這樣的店，我都敬而遠之。

顧名思義，理髮廳指的就是理髮店，位在鬧區的屬於娛樂產業，又叫作「觀光理髮廳」，理髮師多半是女性。據說店家不只幫顧客理髮、洗頭，還會掏耳朵、剪指甲，或視情況進到小房間，提供更多各式各樣的服務。眼前這間理髮廳風格看起來很像咖啡廳，但連我都知道肯定不是一般的理髮店，店面部分敞開，看得見裡頭。我在店前站了站，店門隨即打開了，幾名靠在門口的沙發上、穿著旗袍的女性走了出來，向我招手，當中也有年輕窈窕的女孩子。來到台灣之後我雖然每天都汗流浹背，但沒有洗過半次頭，因此想著等等進去光顧看看吧。

我接著在幾條小巷裡閒逛，最後來到南京東路和林森北路口。這一帶有各式各樣的餐飲店、攤販和蛇店等，我找了一攤掛著「拉麵三十元」木牌的店坐了下來。中文的「拉」指的是日文的「引」，列車或洗手間的門上都有「拉 PULL」的牌子，所以我認得這個字。據說拉麵就是因為將麵糰拉開來做成的，所以才這麼叫，雖然有著獨特而強烈的氣味，但沒有在台中吃到的那麼重。

我吃著拉麵配紹興酒，這是來台灣之後第一次喝紹興酒。因為不管哪一間餐飲店，甚至飯店酒吧提供的都是一整瓶，所以我都沒喝成。紹興酒的瓶子比約翰走路來得小一點，容量大概六百毫升，雖然不是很烈，但自己喝一瓶還是太多了。

這間店的紹興酒也是整瓶賣，記得要價一百元（六三〇圓）。喝個半瓶就覺得通體舒暢，剩下的半瓶，老闆則拿報紙幫我包起來。台灣的報紙是套紅的兩色印刷，像摔角雜誌一樣。我拿著紙包酒瓶走出店外，說是「走出」，但其實我是就著擺在人行道上的桌椅用餐，所以原本就是在室外。

寬敞的林森北路對面是一棟四層樓的大樓，掛著「欣欣大戲院」的大型招牌。不知為何，眼前的文字讓我聯想到性愛派對的場所，但那畢竟不是能這樣大聲張揚的事，所以我還是決定上前確認一番。

林森北路上，計程車和機車橫衝直撞，行人穿梭其間，小跑步地過馬路。明明不遠處就有紅綠燈跟斑馬線，大家卻都若無其事地穿越馬路，因為車流很多，我看在眼裡不禁捏一把冷汗。我也打算跟著這樣過馬路，但遲遲過不去，正躊躇不前時，一輛隨招隨停的計程車停到了我面前，更讓人寸步難行。

好不容易過了林森北路，一看，「欣欣大戲院」原來是影院。戲院指的是影院或劇院，前者也會稱為電影院。這棟建築物是欣欣大眾公司所經營的綜合性娛樂設施，涵蓋保齡球場、遊樂場、百貨公司等，而其中一區就是影院。

正在上映的電影是《西風的故鄉》，片名讓人不禁想起反攻大陸的國策電影，但看了看玻璃櫥窗裡的劇照，卻是穿著鎧甲的武人握著長槍的樣子，看來是一部古裝劇。可能是我把下一檔的照片和現正上映的搞混了吧。今天最後一個場次已經接近尾聲，售票口關上了，我看了看票價是：

「全票六十五元，學生票五十五元，軍警票四十五元」。

林森北路的欣欣大戲院那一側是商圈，雖然已經快十點了，但店都還開著。我看到一個

「双豐行」的招牌，双豐指的是立體音響[33]，行是店的意思。西裝行就是西服店，唱片行就是唱片店，皮鞋行就是鞋店，有的店還會把代表性商品寫得大大的，比如「鋼琴」、「手錶」、「打字機」、「照像機」等，也有店家只把「打火機」三個字寫得小小的。電器產品和相機幾乎都是日本製造的，價格比日本當地貴了五成左右，要是用台灣的物價來換算，大概有三倍、甚至四倍那麼高。

台灣的橫式招牌幾乎都是右書，外國產品的新招牌等偶爾會左書，但如果是老商店，則清一色是右書。不過自從政府在一九七五年開始認可左書，據說從左寫起的字就急速增加。台北的中心地段有很多新看板，右書和左書約莫各佔一半，因此有時候也會搞不清楚到底該從哪一邊讀起。以鐵路來說，站名標示是右書，但車票上的印刷字體卻是左書。

路邊有家書店，我也進去瞧了瞧。日本的出版品佔了書架上很大一部分，不過泰半都是圖鑑和中間小說[34]，又因為進口的書籍有物價差異，所以八成看的人多但買的人少，每一本都有翻閱過的痕跡，看來就像舊書店的書架。

接著我要去剛才打算光顧的觀光理髮廳。店裡並排著五、六張和日本理髮店一樣的椅子，穿著旗袍的小姐正讓客人躺著掏耳朵。此外沒有別的客人，只有兩位穿著旗袍、露出一雙腿的小姐坐在沙發上，和一位穿著白色袍子的中年女性一起等著客人上門。

「只要洗頭就好。」我事先聲明道。

結果原本站了起來的年輕小姐們又坐回沙發上，由穿著白袍的資深師傅幫我洗頭。圍上又粗又硬的大圍巾，在頭頂擠上洗髮精，搓揉起泡。到這邊的步驟和日本的理髮店沒有什麼不同。

仔細地搓洗一番後，我想著差不多該去洗臉台沖掉時，椅背卻被放倒，整個人躺了下來。接下來是頭皮按摩。十根手指頭像按摩器般震動，滿滿的泡沫似乎滴到地板上了。震動按摩持續了好一陣子，我正佩服她手不會痠時，就感到一陣通體舒暢。頭頂也有敏感帶，交給師傅出色的手藝，登時神清氣爽。

看我瞇著眼，師傅問道：

「舒服嗎？」

33 「双豊」應指店名而非商品名。

34 指二十世紀後期日本所衍生的、介於純文學與大眾文學「中間」的小說類型，涵蓋推理小說、歷史小說、戀愛小說等。

按摩了好長一段時間，我想大概有二十多分鐘。在洗臉台沖洗頭上的泡沫時我還覺得意猶未盡，於是加點了掏耳朵。我大概二十年前曾在日本的理髮店掏過耳朵，到現在都還記得當時的舒暢。

負責「耳朵」的似乎是年輕小姐。她的胸部貼著我的手臂與肩膀，雖然感覺還不錯，技術卻不怎麼樣。

我問她是不是積了很多耳垢，因為我好像已經好幾個月沒有挖過耳朵。

「很多喔。」小姐回答道。

費用總共是一百二十元（七五〇圓），我還多給了一些小費。

六月六日（五）

台北——花蓮

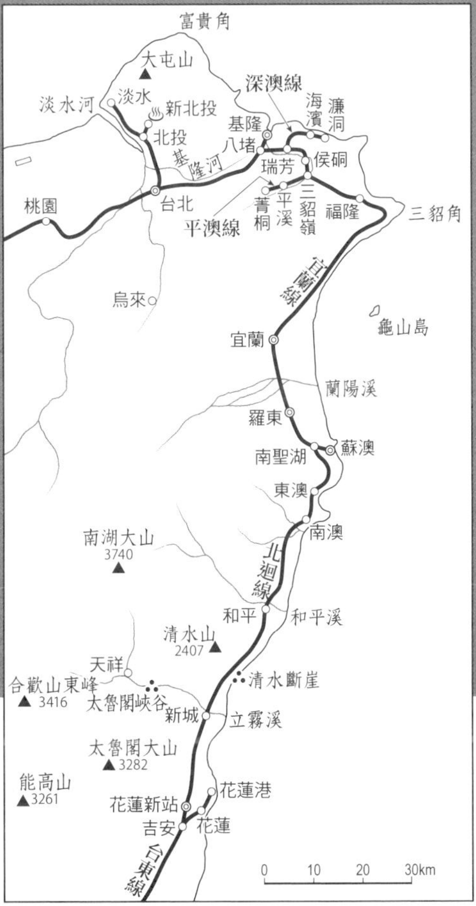
富貴角
大屯山
深澳線
海濱
濂洞
淡水河
淡水
新北投
北投
基隆
八堵
基隆河
瑞芳
侯硐
桃園
台北
菁桐
平溪
三貂嶺
福隆
三貂角
平溪線
宜蘭線
烏來
龜山島
宜蘭
蘭陽溪
羅東
南聖湖
蘇澳
東澳
南澳
南湖大山
3740
北迴線
和平
和平溪
清水山
2407
天祥
清水斷崖
合歡山東峰
3416
太魯閣峽谷
新城
立霧溪
太魯閣大山
3282
能高山
3261
花蓮港
花蓮新站
吉安
花蓮
台東線
0
10
20
30km

5

濂洞・侯硐・菁桐

台灣西部，也就是台北到高雄，是台灣的主要地帶，耕地範圍廣闊，人口也大多集中在這個地區。既有高速公路，也有「自強號」等高速列車行駛在鐵道雙線化的縱貫線。

相對於此，東部則是險峻的台灣山地而少平地，尤其東北方連綿的斷崖，阻斷了和台北之間的陸上交通。鐵道也只有花蓮到台東間孤立的狹狹軌（narrow gauge，軌距七六二公釐）台東線，象徵著被稱為陸上孤島的東台灣。

由於是與中樞隔絕的地方縣市，所以曾花了很長一段時間與阿美族、卑南族、布農族、排灣族等山岳原住民族融合。雖然在日本統治時代終於達成族群融合，但據說至今政府仍會呼籲這些山地族群移居平地。

儘管是這樣的偏遠地方，在今年二月也完成了一項劃時代的工程——眾所期待的「北迴線」開通了。

北迴線是連接宜蘭線與台東線的鐵道，開通後，火車就可以從台北行駛到東台灣的中心都市花蓮。因為是在三千公尺級的台灣山地猛然落入大海的大型斷崖地帶所鋪設的鐵道，工程的艱難自不用說，沿途有三十四座隧道、五十四座鐵橋，據說在隧道與隧道間還可以瞥見知名的清水大斷崖。

我之前總想著要來台灣，拖到今年才終於成行，部分原因也是為了等待北迴線開通。而今天正是得以搭乘「北迴線」的日子。但在這之前，我得先繞去三個地方。

第一個要繞到基隆。

基隆是縱貫線的起點，雖然是不管怎樣都非去不可的地方，但在基隆前一站的八堵卻分歧出了宜蘭線，宜蘭線又和北迴線相接，成為東台灣的主要幹線，因此路線圖上的八堵到基隆區間反倒像是短短的支線。

我搭上了7點40分從台北出發往花蓮的「莒光號」。車上都客滿了，我還是第一次看到乘坐率這麼高的「莒光號」，想必是北迴線開通後，原本搭飛機或客運的旅客也都來搭火車了。由於交通變得很方便，所以到東台灣的旅客似乎也增加了。台北到花蓮間各有來回四趟的「莒光號」及「對號特快車」行駛，但這樣好像不夠，剛剛剪票口還貼著告示說「莒光號」、「對號特快車」各加開一班來回車。

「莒光號」穿過台北市區中央，往東邊的郊區行駛，沿線多新建的工廠和住宅，不斷急速發展的台北所產生的都市蔓延現象，看來也延伸到了基隆。

然而，淡水河的支流基隆河逐漸自左側接近，平地越來越窄，窗外的景象突然變得一片荒涼。清一色紅磚老房子的聚落零星散布在谷地間，這般蕭條的風景，讓我有些意外。台北與貿易港基隆之間的關係就好像東京與橫濱，或是大阪與神戶，彼此間的距離也幾乎一樣，所以就像行駛在京濱或阪神之間。

偶爾會出現吊橋，對岸的河階上有小面積的耕地和老房子。儘管鐵路軌道經過現代式的雙線電氣化，窗外景色卻是沒落冷清的山谷。

「莒光號」駛上舒緩的坡道，又穿過短短的隧道，在8點09分抵達八堵。外觀炭黑的車站，內部倒很寬廣。我要在這裡轉乘往基隆的列車。

往基隆的車接得剛剛好，在8點10分發車。飛快地鑽進地下道，一節車廂的柴油客車車身顫動著。

從八堵到基隆雖然有雙線電氣化的縱貫線相通，我所搭乘的柴油客車卻行駛在與縱貫線稍微有點距離的地方所鋪設、沒有電車線的單線上，穿過了短短的隧道，前方可以看到低矮的基隆市街。

8點15分抵達基隆。好幾條貨物線往前延伸，直抵港灣設施，雖然停著運煤用的貨車，但也有生鏽的鐵軌，站內毫無生氣。我想起了門司港站。

因為是用到八堵的「莒光號」車票多搭了一段，所以得去補票。坐在窗口的是一位頭髮半白、儀表端正的站務員，看到他那張臉，我頓時吃了一驚，因為實在跟我熟識的一位大學教授長得很像。那位教授曾在工作上幫了我很多忙，只是後來就疏於聯絡了。

如果是在日本或台北的希爾頓飯店附近看到這個人，我八成會上前打招呼吧，畢竟兩個人簡直像是同一個模子印出來的。

來到台灣以後，我遇過好幾個「長得很眼熟的人」。每每讓我感到這趟逍遙的旅行蒙上了一層陰影。

說得不客氣一點，台灣民眾的生活水準比我們日本人還來得低。雖然也可能不是他們太低，而是日本人太奢侈，但其中確實有所差距，交通安全或衛生標準等方面感覺上也有一段落差。就算是只來台灣旅行了四天，我還是可以這麼斷言。加上台灣實行徵兵制，也讓人感受到戰時體制所帶來的拘束。

話雖如此，雙方的長相和體型倒是沒什麼差別，極其相似。但就女性來說，台灣女性還是好一些。

我在阿里山鐵道的奮起湖站遇到的賣東西的婦人，就跟我家附近的某位總經理夫人長得很像，就算交換身分也可以順利瞞過所有人。集集線終點站車埕的那位親切的副站長要是來日本，國鐵的水準應該就會提高吧。下榻吳鳳旅社時住在我隔壁的女性也是，那樣的外貌要是出生在日本，就不會在隔著木板、像會被我偷聽的旅社和男伴過夜了吧。此外也有小女孩讓我想起小學四年級的女兒，不由得認為自己的女兒運氣很好，而我也是。

說不定十年後、二十年後，台灣會後來居上，把日本比下去，反倒變成台灣男性接二連三來到日本觀光，換我們對他們說「我們有，漂亮小姐」。醫生看診到晚上十點，機車奮力往前衝，這些景象讓我產生了這樣的預感。話說得很漂亮，但我明明不是正經八百的人，之所以在聽到「我們有，漂亮小姐」時會不自在，多少也是因為這部分讓我心裡有點疙瘩。

那位和我認識的大學教授長得很像、一表人才的站務員，用原子筆在明信片大小的補票用紙上仔細地寫上原始車票的售票站、抵達站、補票區間、人數、日期、收取的金額，以及其他數個項目之後交給了我。八堵到基隆補票是四元（二五圓）。

接著要搭乘8點39分從基隆出發往蘇澳的普通車折返。

由於這班列車直通宜蘭線，所以不用在八堵轉車，是一班很方便的列車。不過車廂破破舊舊，和至今搭過的比較起來顯得遜色不少。四節客車車廂中有兩節採用舊了的國鐵通勤電車那樣的長條椅，絨布[35]破損，填充物都露出來了，另外兩節同樣傷痕累累。此外還有關不上的門，暫且用鎖鏈圍住，乘客則從下面鑽過去，或是把鎖鏈解下來才上下車。

縱貫線和它衍生區域的車廂雖然有一部分車門關不上，但整體來說品質還是不錯。在台灣主要地帶用過的車廂大概會拿來東台灣使用吧，在日本也會做一樣的事。

在八堵調換了行車方向，駛入宜蘭線。再次沿著基隆河而上。

基隆河的流向很有意思。雖然發源自台北東南邊的山區，河水卻往和台北相反的東邊流去，快到台灣東北角的時候又從東邊流向北邊，接著轉向往西邊，看起來即將要在基隆出海，卻又原地踏步，從八堵再流向內陸，在台北北郊與淡水河會流，呈現「つ」字型，雖然稱作基隆河，卻被基隆和八堵間低矮的分水嶺遮斷，根本和基隆扯不上關係。

老舊的列車沿著這條基隆河往東行駛。沿線的風景沒有什麼好看的，乘客的穿著與其說是樸素，不如說是粗陋。過去日本的東海道線和東北線之間也會有這樣的差異，儘管現在仍多少存在，但在宜蘭線的普通車上更是明顯。有別於縱貫線沿線、位居外側的台灣，感覺彷彿正在進入另一個台灣。

35 應為塑膠皮。

我在八堵下三站的瑞芳下了車。瑞芳這座小鎮位在基隆河河谷略為開闊的地方，從這裡到海岸邊一個叫作濂洞的地方，要經由一條十二．三公里的短支線深澳線。

因為下一班列車要9點57分才發車，還有一點時間，我便穿過漆黑的地下道到車站前瞧一瞧。那邊有四、五家賣果汁或漁產的露天攤販，路上沒什麼人，也就沒有人停下來買東西。我喝了「檸檬汁」，就是檸檬榨的果汁，沒有加冰塊，因為在大太陽底下販售，還有點溫溫的。

瑞芳站的建築物比我想像中來得大，天花板挑高的候車室顯得很空曠。有個應該不是要來搭火車的老人家獨自坐在長椅上，牆上則掛著跟之前一樣的「防空疏散地圖」。上頭的標語是：

「多一分防空準備，少一分空襲災害」。

還有一塊黑板上用白漆寫著「旅客留言牌」，雖然是留言板，但半行都沒人寫。

我看到售票的窗口有人，於是把寫有「濂洞，去回票」的紙條遞給對方，站務員卻揮揮手，指了指地下道的方向。雖然一頭霧水，但我還是穿過地下道，走到後站。那邊有雞舍般的售票亭和深澳線專用的短月台，已經有一節柴油客車等著出發，看來以前應該是民營鐵道，後來被鐵路局收購了。[36]

默默遞出寫著「濂洞」的紙條，我不知道濂洞兩個字怎麼唸，第一天在台北站買的台灣地圖上印有漢字地名並列羅馬拼音，不過比較小的城鎮就沒有拼音。像瑞芳就註記了Jui fang，濂洞卻未標示。話說回來，就算有羅馬拼音，發音的聲調還是很重要，只是照本宣科地唸出來的話也是雞同鴨講。不管怎樣，寫在紙上總是保險些。

售票員宛如一尊佛像般坐鎮在小小的票亭裡，看見紙條上的字，搖了搖頭。

我翻開時刻表上深澳線那一頁，把終點站「濂洞」的字指給他看。售票員像看到什麼稀奇古怪的東西那般盯著時刻表，像是在說這個東西做不得準，還給了我，嘴裡不斷吐出「ㄏㄞˇ ㄅㄧㄣ」兩個字，也就是濂洞的前一站海濱站。會不會是發生了意外之類，導致海濱再過去的交通不通？因為太麻煩了，所以我改口說「ㄏㄞˇ ㄅㄧㄣ」，售票員才一副「這個日本來的傢伙總算懂了」的樣子，點了點頭，賣給我到海濱的票。

雖然這邊的車站建築和月台都很陽春，卻聚集了大約三十名帶著各種行李的乘客，比前站更有生氣。其中有很多腥味很重的籠子，我猜是魚販。從搭車的時間和方向來看，他們應

36 深澳線並非收購民營鐵道，而是台鐵於一九六〇年代新建的鐵道。

該是做完生意要返回海邊的家。

還有老婆婆就在月台賣起剩下的魚，我在旁邊圍觀，有個老伯扔出了四、五張十元紙鈔，就要抓著像是鰤魚的魚尾巴離開，此時老婆婆尖聲把魚搶了回來，老伯於是尷尬地把散落地上的十元紙鈔一一撿了起來。

還有位婦人揹著很長的竹竿，我正想著這樣要怎麼搭車時，她就叫住走下鐵軌準備打開前方的貫通門的司機員，把竹竿前端伸進通道。車上乘客吵吵嚷嚷，還有人伸手去拉竹竿。

準時在9點57分自瑞芳發車、腥味熏天的一節柴油客車，穿過打通基隆河與大海之間低矮分水嶺的短隧道，開始下坡駛向海面。

到了海岸邊，列車停靠在深澳，雖然是貴為路線名稱的一站，卻只有用舊枕木拼起來的宛如臨時招呼站那樣的短月台，不見車站建築。但附近有不少民宅，乘客幾乎都在這一站下車。貫通門再次打開，竹竿婦人也下了車。

接著從深澳沿海岸行駛，在10點17分抵達海濱。

海濱的下一站就是終點濂洞。話是這麼說，軌道上卻有一台起重機盤踞，看來正在抬起軌條之類。這樣一來就無法繼續前進了，難怪瑞芳的售票員會搖著頭反覆說著「ㄏㄞˇ ㄅㄧㄣ」。

但是對要來搭遍台灣鐵路局全線的我而言，不能搭乘海濱到濂洞這短短三．七公里的路線，實在叫人扼腕。如果是交通事故的話，不妨等它排除，但如果起重機是要抬起軌條，那就有得等了。

我詢問了海濱的站務員，但語言不通，所以還是不太清楚詳情，好像是說前方港灣施工，從去年開始海濱到濂洞這一段就不再載客。

站務員親切地告訴我往濂洞的巴士乘車處和時刻，巴士會沿著濱海的道路行駛。儘管很想對他說我搭巴士去濂洞也沒事幹，但對方恐怕很難理解，就算在日本，這種事也是解釋不清的。

我回到了瑞芳，搭乘11點20分發車的宜蘭線下行的普通車，在下一站侯硐下車。

侯硐是往平溪線的轉乘站。宜蘭線分歧到平溪線雖然是在下一站三貂嶺，列車卻全都是自侯硐發車。

侯硐是山谷間的小聚落，但有鄰接車站的大型鐵工廠，站內也相當寬敞，還在側線連結了幾條載煤炭的貨車。

平溪線沿基隆河往內陸岔出一條炭礦線，終點菁桐在日本統治時代的時刻表上標示的是

「菁桐坑」。侯硐站的站內之所以這麼寬敞，是因為運出來的煤炭會搬到這座鐵工廠，又或是作為調車場，將貨車分撥往基隆、台北方向。

車站建築和月台間有載貨用的軌道，上頭架設著跨線橋，還有一塊寫著「請勿跨越軌道，走天橋最安全」的牌子釘在柱子上。

轉乘平溪線很順暢，11點35分發車、三節編成的列車已經準備要出發。座位半滿，就這個時段來看，乘坐率算是很不錯。

到下一站三貂嶺行駛的是宜蘭線。和鐵道並行的基隆河這時成了露出岩石肌理的溪流，要是在日本，大概就會被命名為某某溪谷，搖身變成名勝。前此的縱貫線盡是橫越一些河面寬廣、平淡無奇的河川，但在這裡則像是行駛在日本。

三貂嶺讓我想起山陰本線的保津峽站，鐵道從這裡分歧出宜蘭線，原本的平溪線則改沿基隆河往西走。從三貂嶺到終點站菁桐有十二．九公里。

列車駛入沒有襯砌的隧道。少了混凝土包覆，落下的水滴從窗戶濺入車廂內。

基隆河河谷的視野很好，把臉貼近窗戶一看，還看得到前面的大瀑布。由於源流是瀑布，因此水量充沛，高低落差也有三十公尺。正想著這如果放在日本可算得上名瀑布了，果不其然，瀑布上方就立著「大瀑布」的看板，旁邊還有好幾間茶屋。

因為一直盯著右邊看，脖子有點痠痛，於是我一口氣轉向左邊，結果和坐在隔壁的青年對到了眼。青年笑笑地，不知向我說了些什麼。因為他的手指著窗戶外面，所以我猜他應該是說剛剛的瀑布很壯觀吧，但畢竟說的是中文，我壓根聽不懂。

這名青年頻頻向我搭話，眼神看來很聰慧。感覺他好像有些話想對日本人說，儘管我也願意洗耳恭聽，但語言終究不通。過沒多久，青年就不再開口了。

雖然河川的景致很美，偶爾出現的聚落卻漆黑又貧瘠。從侯硐出發三十分鐘後，接近平溪，就是進入礦區了吧，開始會看到載了煤炭的台車或是用來儲煤的設備，而原本美麗的兩側河岸則變成了煤炭渣的垃圾場。

大部分的乘客都在平溪下車。隔壁的青年也直盯著我，然後站了起來，看起來像是有什麼話要說。

我向他說：「再見。」

結果他的表情不知為何僵住了，把臉湊近我，低聲吐出了簡短的單字：

「再會。」

我想應該是吧。他的語氣像是要糾正我的口誤。我之前明明已經說過好幾次「再見」，每次都可以從對方的笑容明白這是在釋出善意，但這名青年的反應卻不一樣。我就像陷入一個謎團般，不禁耿耿於懷。

終點站菁桐位在狹窄且地勢高的河階，靠山的一側有大型的儲煤設備，挾著由木板鋪成的單面月台，一座簡樸的車站建築靜靜矗立著。12點07分抵達的三節柴油客車彷彿在菁桐無事可做，才停留三分鐘便要折返，我只得匆匆忙忙地買了往侯硐的車票。

第二次在侯硐的轉乘也很順利，只等了十四分鐘就搭到13點01分往花蓮的「平快車」。被柴油機關車牽引的長客車乘坐率很高，幾乎都坐滿了。八成是因為北迴線開通，使宜蘭線的乘坐率急速上升。

那麼，這列平快車的運行狀況怎麼樣呢？四個小時前從八堵進入宜蘭線時，我還覺得這根本是鄉下路線，但一從平溪線過來，卻顯得氣勢雄偉，速度也不一樣了。

第三次經過三貂嶺站，這列平快車視若無睹地駛過，與基隆河分道揚鑣，駛入了長長的隧道。柴油機關車的尾氣瀰漫整個車廂。

穿過隧道，沿雙溪南下，一過福隆便又上坡，再次穿過長隧道，通過台灣最東邊的海岬萊萊鼻基部。這時左邊窗外赫然是一望無際的大海，原來已經來到了台灣的東海岸。經歷漆黑的炭礦線與山谷後，儘管映入眼簾的海面變得明亮動人，海岸卻十分蕭條。

後方緊靠著台灣山地的尾稜，卻由於稜線與海岸並行，所以幾乎沒有海岬和海灣。但也沒有平地，因此農家寥寥無幾，更是不見漁港。百無聊賴的海岸唯有浪濤拍打著。

海面上可以看到狀似烏龜側面的龜山島，這是一座四面都是斷崖的火山島，看似難以接近，但據說不但有港口，還有人煙。

抱著紙箱兜售商品的少年朝我走來，箱子裡有各式各樣的紙盒裝果汁。挑來挑去有點麻煩，我索性直接拿了最上面的，結果是蘆筍汁。在台灣，什麼東西都可以做成果汁，所以我並不特別期待，插了吸管便喝，意外地很好喝。為什麼日本沒有呢？至於售價，則是八元（五〇圓）。

沿著乏善可陳的海岸行駛了二十分鐘左右，來到了宜蘭平原。

宜蘭平原是在蘭陽溪廣闊的三角洲所開闢的東台灣面積最大的平原，有水田、果園，也有水泥工廠等，看來悠閒又富足。右邊窗外是又高又深、層層疊疊的台灣山地，感覺就像自富山平原眺望立山連峰那樣。打開地圖一看，拳頭母山、攻瑰西魔山[37]、棲蘭山等，盡是名字看來又難又恐怖的山，分不清哪一座是哪一座。

14點25分，抵達宜蘭。很多乘客在這座新蓋的現代化車站下車。站內停著一輛輛堆滿木材的敞車，車站附近還有木材加工廠和造紙廠，想必不光只有農業，這裡的林業同樣蓬勃發展。大概是因為今天一早從台北出發後，一路上盡是寂寥的景色，因此才會覺得宜蘭平原像突變一樣格外明朗。

駛過宜蘭、渡過蘭陽溪，便抵達羅東。羅東是宜蘭平原的第二大城，車站建築也很新。站內鄰接大型貯木場，還有看似森林鐵道專用的小型貨車，地圖上更描繪了從羅東沿蘭陽溪深入山林的軌道。

悠哉愜意的宜蘭平原到了盡頭，山壁再次迫近右窗，14點52分，列車停靠在南聖湖[38]。這裡有兩座簇新的月台，由走天橋[39]彼此連接。

南聖湖雖然是宜蘭線的終點蘇澳前一站的小站，但因為是北迴線的分歧站，所以知名度一下子變得很高，車站建築和月台也以北迴線開通為契機增建整修過了吧。原本還想著這裡會是怎樣的地方，結果除了和車站鄰接的嶄新大型水泥工廠之外，什麼也沒有。

我所搭乘的「平快車」就是從這裡駛入北迴線前往花蓮，但對想要搭遍鐵路局全線的人來說，卻不得不先在南聖湖下車，前往一站之遙的蘇澳。

隨著北迴線開通，南聖湖到蘇澳間彷彿淪為支線。宜蘭線最高級的列車「莒光號」都從南聖湖轉入北迴線，往蘇澳的「對號特快車」也只剩下兩班。由於蘇澳的車站呈直角朝海面突出，確實無法在這樣的情況下延伸興建北迴線，明知如此，我還是不禁感到惋惜。鐵道的建設總伴隨著殘酷的一面，儘管這也是吸引人的一點。

像是要安慰被拋下的蘇澳那樣，有一節柴油客車在南聖湖到蘇澳間一天來回七趟，是與「本線」銜接的轉乘列車。

14點58分自南聖湖出發的柴油客車花四分鐘行駛了三・二公里，抵達蘇澳。雖然月台只有一座，但很寬敞，鐵骨架起的棚子氣勢雄偉，僅只一節車廂的柴油客車不勝惶恐似地孤零零停在那兒，是一座威風凜凜的終點站。

37 應為「玫瑰西魔山」。
38 於一九八二年改名為「蘇澳新站」。
39 應為「天橋」。

險路北迴線

今天造訪了基隆、海濱、菁桐、蘇澳四座終點站，海濱到濂洞間交通受阻雖然很可惜，至少也都按照預定計畫進行。從7點40分由台北出發的「莒光號」算起，我已經搭了十班列車，全都按照時刻表正確無誤地行駛。

要一步步消化左右衍生出的四條線、趁著天還亮時搭完這些台北到花蓮間的路線，各班列車非得配合得天衣無縫不可。所謂列車的轉乘，一班接得剛剛好，另一班卻接得不順是常有的事，像今天這樣每一班都接得湊巧實在很難得。鑽研出個中奧妙是時刻表發燒友的樂趣，同時也是必須絞盡腦汁的地方，正因如此，列車要是不按照時刻表行駛，那麼預定的行程就會變得一團亂。

就這一點來說，今天真是一路順風。我按照原定計畫，在15點02分抵達第四個終點站蘇澳。接著就只剩搭15點30分發車的柴油客車返回南聖湖，再搭15點37分出發往花蓮的「莒光號」，享受期待已久的北迴線。

我走到蘇澳站的售票口，要先買「莒光號」的對號座車票。

結果窗口的年輕站務員翻了翻資料，用日語告訴我：

「沒有了。」

15點37分自南聖湖發車的「莒光號」會在17點29分抵達花蓮，是非常好的時間帶，所以才坐滿了吧。但如果搭不上這班車，下一班是17點15分出發的普通車，到花蓮已經19點24分了。雖然搭普通車也無所謂，不過19點24分才到實在太晚了。日本的六月到晚上七點半天都還亮著，台灣卻六點半就天黑了。

「有站票嗎？」我問，但並不清楚台灣鐵路局的鐵道有沒有「站票」制。雖然粗略翻閱過時刻表最後的「鐵路客運規章摘要」，但記得沒有關於「站票」的說明。何況內容本來就是難解的漢文，有些地方我看了也不懂。

「莒光號」列車是全車對號入座而沒有自由座，和以前日本的特急列車一樣。當時在日本，沒有對號座車票是絕對不可能讓你搭乘特急列車的，不是會被車長斥責而縮在角落，就是會在下一個停靠站被趕下車。直到戰後很久才有了「站票」的制度，而且「站票」還會限制發售張數。

台灣鐵道的旅客服務目前發展到什麼階段，我還沒有辦法判斷。看來不太像過去的日本，畢竟有服務小姐，還會奉茶，這些都比日本要來得體貼，只不過還不曉得會怎麼應對沒有對號座車票的乘客。

我用日文說出「站票」兩字，年輕的站務員聽不懂，我於是像之前那樣在紙上寫下日文的「立席」。站務員看了搖搖頭，但搖頭的樣子實在看不出他究竟是不懂我的意思、沒有賣站票，或是站票也賣完了。

我接著去了車站前公路局的客運營業所。

蘇澳與花蓮之間有一條蘇花公路，客運也會行駛。直到今年二月北迴線開通之前，客運是兩地間唯一的交通工具。只不過並不建議有懼高症或心臟問題的人搭乘，因為它行駛在兩百公尺高的斷崖絕壁，據說還是沒有鋪設柏油的一線道。只是這一點似乎也能變成觀光宣傳的賣點，有的旅遊書還會寫道「搭一次看看也很有意思呢」。

雖然我想搭又不想搭，但既然火車行不通，就趁這個機會搭客運看看，也別有一番趣味。至於北迴線的部分，等明天再搭乘花蓮到南聖湖的列車來回就好。

誰知道一看客運時刻表，往花蓮的車班只有8點30分和12點00分兩班，大概因為這條路線不適合在太陽下山後行駛，加上到花蓮要四個多小時，考量到冬天太陽下山得早，可不能下午才從蘇澳發車吧。

台灣自一九七三年起實行了為期約五年的計畫，稱為「十大建設」，列舉如下：

1 南北高速公路
2 台中國際港
3 桃園國際機場
4 蘇澳商港
5 北迴線
6 縱貫線電氣化
7 高雄中國鐵鋼公司[40]
8 高雄中國造船公司
9 高雄煉油廠
10 高雄核能發電所[41]

40 應為「高雄中國鋼鐵公司」。
41 應是位於新北市石門區的「第一核能發電廠」，於一九七一年動工興建，一九七八年啟用一號機、一九七九年啟用二號機，目前已停止運轉，正進行除役作業。

把1和6算進去的話，和高雄相關的建設就佔了六項，突顯政府對南部的關心，但我接下來要搭的北迴線卻也包含在「十大建設」裡。客運只有行駛在斷崖上的一線道，或許是因為開發東台灣難如登天吧。

我回到了車站，這回改在紙上畫圖，畫了一個坐在座位上的人跟一個站著的人，為了讓站著的人更顯眼，我還加了箭頭。

年輕站務員笑了笑，點了兩三次頭，從架子上抽出「莒光號」的車票，在背面蓋上小小的橡皮章，一看，印的是「自願無座」。

原來無座才是正確的說法。我才想雖然在日本稱作立席，但不知道這邊會不會也有座位叫立席。

15點37分從南聖湖開往花蓮的「莒光號」有許多看起來像觀光客的人，很是熱鬧，和縱貫線的「莒光號」堪稱靜謐的氣氛截然不同。一群婦人吃吃喝喝、談天說笑，另一群年輕人則把椅子轉成面對面玩撲克牌。今天明明是星期五，眼前的景象卻像是日本週六的列車。

我一開始是搭最前面的1號車廂，雖然沒有空位，但也沒人站著。既然坐滿了，那就改去2號車廂，結果也沒有空位。我於是沿著3號車廂、4號車廂的走道走。貫通道的風擋沒對準，簇新的道床潔白地流過腳下，讓人想起日本以前的火車。因為會左右搖晃，所以得小心行走。

5號車廂那邊有位服務小姐，我把「自願無座」的車票出示給她看，她指了指後面，大概是說再往後走就有位子。

走在走道上，我感到匪夷所思的是，幾乎沒有半個乘客在欣賞窗外的景致。開通不過四個月，對車上絕大多數的乘客來說，應該都是第一次搭乘北迴線才對。

直到9號車廂都沒有位子，但到了最後一節10號車廂，不知為何倒是有很多空位。我於是坐在靠海那一側的窗邊。

差不多經過東澳站以後就是一連串的隧道，出了隧道、渡過鐵橋，接著又是一座隧道。在隧道間得以瞥見大海和斷崖，也看得到剛剛說的客運公路。客運公路和地圖上的等高線很像，遇到山谷的話就深入谷地，到山巒靠海處便在斷崖上行駛。北迴線有三十四座隧道，全長三十一．一公里，因為坍方等意外而犧牲的據說達二十人。

山谷非常斜，不只是兩岸，上游的坡度也很陡峭，水流直下，形成瀑布，在鐵橋下激起水花，朝海面奔騰而去。或許變成瀑布流到海裡了吧，因為自玉山往北北西延伸的台灣山地的主稜，就在這一帶沉降入海。可以的話真想叫「莒光號」停下來好好眺望眼前的美景，但列車總是一下子就又鑽進隧道。

隧道入口大多也都是鐵橋橋頭，一定會有一座混凝土哨兵所，配備刺刀步槍的哨兵直挺挺地站著，動也不動，也有人是朝著列車擺出舉槍的姿勢致意。縱貫線的哨兵有外表看起來較年長的，持槍的方式也有些散漫，但北迴線的哨兵則和它這條新線一樣都是年輕人，態度看來也十分嚴肅又僵硬。站著不動的原本就只會有一名，其他不當班的青年則會躺在小屋裡看書，或是在外頭搏鬥打鬧。

在我的座位斜對面大聲喧鬧、專注地玩著撲克牌的四個年輕人，大概也和這些哨兵差不多年紀吧？不知道會不會有一天也在哨兵所舉槍，或是已經服完兩年的兵役了？

過了全長七千七百五十七公尺的觀音隧道，再穿過兩三座隧道後，四下豁然開朗，列車駛到了廣闊的河灘。眼前是像撒滿了幾千人的白骨那樣詭異的河灘。看起來像白骨的，其實是大理石碎片。看向右邊窗外，白晃晃的河灘像由扇釘聚攏那樣，節節上升，和陡峭的山峰相連。

這裡是典型的沖積扇。雖然如此，卻是這般荒涼，氾濫的河川原始的姿態就這麼原封不動地保留著。

雖說是平原，每逢大雨時河川流向會改變，沖落岩石，因此沒有辦法住人，只有山腳下看得到幾戶民宅。

「莒光號」越過宛如賽之河原[42]的沖積扇上方的長鐵橋，與河川的水量相比，鐵橋實在長得過頭，但只要下一場豪雨，河水肯定會暴漲沖刷而下。

列車停靠在位於沖積扇邊緣的和平站，是一座有新線氣息、整齊清潔的車站。車站附近有細水管圍成了棋盤般的方格種植冬瓜，田間正是用這些水管引河水灌溉。冬瓜混在白色大理石碎片中，零星散布，看起來不像有機會豐收，卻是這片荒涼不毛的河灘唯一的綠意。

有冷氣的豪華特快車「莒光號」載著喧譁的觀光客、專心觀察列車內外的日本鐵道迷與身材窈窕的服務小姐，掠過年輕哨兵的刺刀尖端，又或是受到他們舉槍致敬，駛入隧道，渡過鐵橋，不久便來到立霧溪的河口平原。這條溪流略往上，便是號稱台灣首屈一指絕景的大

42 日本民間傳說中有一條分隔陰間與陽間的河流「三途川」，其河灘即為「賽之河原」，據說比父母早逝的兒女會為了彌補白髮人送黑髮人的不孝而在此處堆疊石塚作為供養，但石塚往往會在將完成之際被惡鬼破壞，永遠沒有結束的一天。

理石峽谷——太魯閣峽谷。

在立霧溪橋上回頭看向後方，經由長長的隧道從下方鑽過、標高兩千四百零七公尺的清水山掩映在雲間，但在上下串連白雲和大海的清水斷崖中段，依稀可見如刀痕般細瘦的蘇花公路。

花蓮新站

「莒光號」穿過北迴線的險路，準時在17點29分抵達花蓮新站。花蓮新站是和北迴線同步新蓋的車站，位在市區西邊的郊區。雖然與從前的花蓮站——也就是台東線的花蓮站距離約兩公里，但為了接軌台東線，而將鐵軌往前延伸三．四公里到吉安，吉安是台東線花蓮站的下兩站。

原本孤零零的台東線彷彿象徵著被稱為陸上孤島的東台灣，如此一來，便與中樞有所連結。北迴線的軌距有一〇六七公釐，反觀台東線則是七六二公釐的狹狹軌，兩者無法直接連通行駛，必須在吉安轉車，雖然不方便，但只靠火車就可以從台北到台東，可說是劃時代的進步。

翻閱時刻表，我所搭乘的「莒光號」目的地並不是花蓮，而是「吉安」，會在17點35分抵達。接著再看台東線的時刻，有17點55分發車的特快車「光華號」，抵達台東是21點17分，變得相當方便。

只要我想的話，今天就可以一路抵達台東，雖然迫不及待，但還是決定今晚住在花蓮，總之先搭到吉安再說。幸虧這列「莒光號」不是停靠在花蓮新站，時刻表寫著會開到吉安。從花蓮到吉安只有三．四公里，六分鐘就到了。

「莒光號」停在花蓮新站簇新的月台，坐得滿滿的乘客都一起站了起來，至於要搭到吉安的我當然文風不動。

花蓮是東台灣最有活力的城鎮，人口雖然只有十五萬左右，但周邊有太魯閣峽谷這座由大理石打造的深谷，還有展現阿美族舞蹈的阿美文化村等，形成一座觀光都市。從日本觀光業者所安排的台灣遊覽行程來看，繞台北、新北投、花蓮、日月潭一圈是固定的行程。

真不愧是花蓮，下車的人真多。正這麼想時，轉眼間乘客就只剩我一個人，再怎麼說，也未免太多人在花蓮下車了吧。難得接軌台東線，這是怎麼一回事？我坐在位子上想著，服務小姐走了過來，對我說：

「ㄏㄨㄚ ㄌㄧㄢˊ。」

比了一個下車的手勢。

我把攤開的時刻表朝向她，指著「莒光號」到吉安的時刻。服務小姐彷彿沒看過時刻表似地，一副不可置信的樣子，然後搖了搖頭。已經有拿著打掃用具的幾名婦人上車來，正拆下白色的頭枕巾。雖然實在沒什麼道理，但要是繼續賴著不走，好像會被列車帶往側線，逼不得已，我只好從理應前往吉安的「莒光號」下車。

我想該不會有另一班只行駛花蓮新站到吉安間的轉乘列車？站在月台放眼望去，又好像不是這樣。還是說這列「莒光號」只有前面一部分車廂會開到吉安？想到這一點，我趕緊跑到前頭查看，但感覺也不是這麼一回事。上車的都是清潔婦。

花蓮新站站前雖然很寬廣卻乏善可陳。停車場很大，周邊的區劃也有條不紊，但看不到什麼建築物，一片空曠，讓人想起新幹線的岐阜羽島站。

不過和岐阜羽島站不一樣的是，「莒光號」的乘客全都下了車，因此剪票口外等巴士和等車的旅客人滿為患。

後來有個三十五歲左右的男人越過人海向我走來，對著我說：「您是宮脇先生對吧？久候大駕。」他操著一口標準的日語。

我昨天打了電話給在旅遊書最後的飯店一覽中看到的「統帥大飯店」，預約了今晚的住宿。花蓮是台灣首屈一指的觀光景點，加上北迴線開通，我想旅客應該會暴增，提前預約比較保險。像在阿里山遇到的那種窘況，回頭想想雖然也有幾分樂趣，但事發當天可是一點都不覺得有趣。

所以我想喊我的應該是飯店安排的站前介紹人，結果卻不是。叫住我的原來是計程車司機，顯然是看到飯店的預約名單才來接我的。車站到飯店很近，我並不認為他是為了這區區路程特地來接我，但在下車出站的上百人當中找到未曾謀面的我，這可不容易。

「您明天要到天祥對吧？來回一趟是九百元，很便宜的。」司機說。

天祥是太魯閣峽谷觀光路線的終點，從花蓮來回一趟大概九十公里。在日本搭計程車的話，這個距離要花上一萬七千圓，所以九百元（五七〇〇圓）確實便宜。何況搭觀光巴士往返的話要花上一整天，但計程車只消半天。儘管我的目的是搭火車，並沒有非要觀光不可，但唯獨想看看太魯閣峽谷。因此明天本來就打算搭了花蓮和花蓮港間的四・〇公里後，接著搭計程車往返太魯閣峽谷，下午再搭「光華號」前往台東。

司機的期待和我的計畫不謀而合，報價也不是貴得離譜，我於是答應了下來，司機喜形於色地說：

「我送您到飯店吧。這一趟免費。」

鎖定目標後埋伏等到的單身日本旅客，簡直就像隻肥羊。

就算是肥羊也沒關係，這個司機的日語說得真好。抵達台灣到現在，我還是第一次遇到有人會說這麼流利的日語，豈有不好好運用的道理。我攔住走向停車場的司機，給他看了時刻表，想請他去問問站務員從這裡到吉安的區間到底能不能搭乘。結果司機一臉不放心地提醒道：

「明天會去天祥沒錯吧？」

他好像以為我會搭上火車開溜。

結果花蓮新站到吉安間因為施工的關係而沒有列車運行。時刻表上明明記載了時間，現在卻說正在施工無法通行，實在奇怪，不過所謂的施工，應該是要將台東線的軌距加寬到和北迴線一樣的一〇六七公釐，因此才會暫停通行吧。我想多探聽一些具體的內容，所以請司機再幫我問問那邊的情況，只是一提到鐵道的問題，司機的態度就變得有些彆扭。我一說「台東線的吉安……」，他便表示「在這裡沒有辦法搭台東線，花蓮還有另一站……」，還會再三提醒「明天要去天祥喔」，害我都有些不耐煩了。

然而看向剪票口上方公告的發車時刻，都是往台北方向的上行列車，怎麼也找不到往吉安的。不管怎麼說，花蓮新站到吉安之間看來確實搭不成了。

統帥大飯店是樓高十層、又新又大的飯店，大廳和櫃檯擠滿了團客，鬧哄哄的，也有很多日本人。我在「莒光號」上並沒有看到半個日本人，所以他們多半是搭飛機來的吧。

跟著我到大廳的司機再次確認「明天要去天祥對吧」，並表示「我七點會來接您」。

七點太早了。倒不是因為我想睡懶覺，而是去參觀太魯閣峽谷之前，我還得搭一趟7點30分從花蓮出發的列車前往花蓮港。

台東線的起點並不是花蓮，而是花蓮港，終點則是台東。雖然如此，花蓮港到台東卻沒有半列直達車，全都是從花蓮發車。也就是說，花蓮港到花蓮間的運輸系統截然不同，而且只有早晚各一班車來回。台灣鐵路局各條路線當中，這個區間算是最冷清的，就連在時刻表中也被排擠，沒有刊登在台東線的主要欄位，而是在欄外用小小的字寫上：

「花蓮—花蓮港，另開行柴油車72次花蓮7・30開、新村7・34開、美崙7・38開、花蓮港7・40分到……」

編輯部大概是覺得把一天只來回兩趟的區間特別排在主要欄位裡，欄位會顯得很空、浪費版面，所以才這樣處理吧。此外還註記：

「逢週日及例假日停駛」。

「停駛」的意思是不開車，但它上面的字我則看不懂。

只有早晚來回兩班的話，也就是通勤、通學用的列車，因此我才會猜日文的意思「日曜祭日運休」。不過用猜的心裡總是不踏實，所以在來台灣之前，我就已經查過中文字典了。首先查看「週日」，指的是「一週間」，要是這樣不就一整個禮拜都不行駛了？所以，我又反過來查「日曜」的中文，結果寫的是「星期日」，而不是「週日」。接著查看「例假日」，指的是「固定休假日、公休日」，這好像是商店的休業日，沒有人會用「日曜」或「祭日」這樣的詞。我覺得心裡還是有點疙瘩，但按照常識來判斷，是可以解釋為「日曜祭日運休」。查了一下台灣觀光協會的導覽手冊，還好六月上旬沒有例假日。就算是這麼點小事也沒那麼容易，在國外搭火車可是一點都不輕鬆。

因為也會發生這樣的事，所以我才避開週日和例假日來到花蓮。總之不管怎樣，我必須搭上7點30分由花蓮出發的列車前往花蓮港，再搭7點50分從花蓮港出發的折返列車回到花蓮。至於來回天祥到太魯閣峽谷觀光，則是那之後的第二趟。

我請司機不要七點來，八點半再到飯店接我就好。

「您還真愛賴床呢。」司機笑笑地說。

八點半出發的話怎麼也算不上賴床吧，但看在勤奮的台灣人眼裡或許是這樣。

我在旅行時往往起得很早，連我都很佩服自己，但平常倒是起得很晚。這一點我自己心裡有數，正因為心裡有數，所以自己掛在嘴上講講也就算了，要是被別人這麼說，可就令人氣惱了。這不僅限於賴床，凡事都是如此，恐怕每個人也都是這樣。

而且我必須在七點從這裡出發去搭火車來回花蓮港一趟，這是我來到花蓮最重要的事情，明明這樣解釋了卻還被說是賴床，真是讓人不服氣，害我連沒必要的話都脫口說出來了——只要可以搭火車到花蓮港，到天祥參觀太魯閣的行程倒是去不去都無所謂。

結果司機似乎變得非常不安，反覆叨唸著明天要去天祥，如果想去花蓮港，那開車去不就好了嗎？他來帶路。我強硬地表示，不是搭火車去就沒有意義了，八點過後我一定會回到飯店等你。

司機點了點頭，藏不住焦慮的神色說道：

「那麼現在要去看阿美族跳舞嗎？我可以帶路，不用錢。明天去天祥……」

我婉拒了。我現在可沒有心情欣賞觀光化的少數民族表演。結果司機又露出了不安的表情，於是我不得不像老朋友般握住三十分鐘前剛認識的司機的手許下承諾：「明天早上八點半，我一定會在大廳這裡等你。」

當天晚上，我做了個夢。

要聽人分享夢境大概有點煩，所以我就簡單講講。我夢到自己站在太魯閣峽谷的大斷崖上，雙腿發軟，動也動不了。

花蓮—台東

六月七日（六）

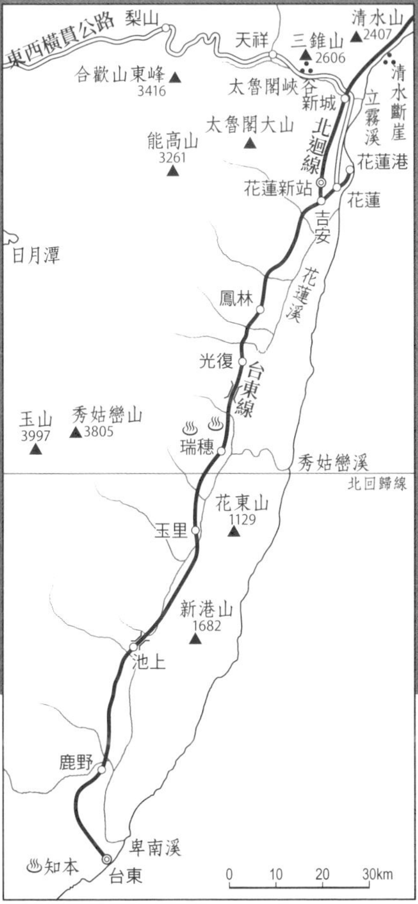

東西橫貫公路
梨山
天祥
清水山
2407
三錐山
2606
合歡山東峰
3416
太魯閣峽谷
新城
立霧溪
清水斷崖
太魯閣大山
能高山
3261
北迴線
花蓮港
花蓮新站
花蓮
吉安
日月潭
花蓮溪
鳳林
光復
台東線
玉山
3997
秀姑巒山
3805
瑞穗
秀姑巒溪
北回歸線
花東山
1129
玉里
新港山
1682
池上
鹿野
卑南溪
知本
台東
0
10
20
30km

6

花蓮港

在夢境與走廊傳來的團客聲音之間半夢半醒，後來天總算亮了。今天是可以搭乘台東線的日子。

我的房間位在十樓的西邊，如果在東邊，就可以俯瞰台東線的花蓮站與舊市區，再過去則應該可以遠眺太平洋與花蓮港方向的海岸，雖然那樣好像頗有意思，但西邊的景致倒也不遑多讓。

正面是險峻的重巒疊翠，蒼翠欲滴。眼前並非台灣山地的主稜，雖是前山，卻是兩千公尺級的山巒，中段以上被雲層覆蓋。距離山腳為止或許不到兩公里的平地上，嶄新的建築物散布在一片綠意之中，可以看見或藍或紅的屋頂、洗練的白色飯店，沒有紅磚砌的古早民宅，和至今看到的台灣城鎮有所不同。約莫二十年前，我曾在洛磯山脈山腳的丹佛住宿，眼前景物便讓我想起當時的風景。由於觀光客人數增加及北迴線開通，花蓮的市鎮不斷向外擴展，我看到的就是那個新發展的部分吧。

往花蓮港的地方列車、太魯閣峽谷、狹狹軌的特快車「光華號」，還有台東市區……今天有一連串值得期待的事物。在這樣的清晨，起個大早眺望飯店窗外的景致，可以說別有一番樂趣。

我在六點半到了樓下餐廳，結果像是被日本團客包場一樣，農協扮相的大叔、大嬸吵吵嚷嚷，還會使勁地撕開麵包。現場沒有空位，服務生也忙進忙出，沒有半個人多看落單的我一眼。

無可奈何下，我只好回房間，從冰箱拿出牛奶、蘆筍汁和起司暫時果腹。

往花蓮港的列車是7點30分發車，我昨天晚上散步時已經確認了車站的位置，也事先買好了13點54分發車的「光華號」對號座車票，其實從飯店到車站很近，走路只要五分鐘左右。所以七點二十分出門就綽綽有餘，但我沒去餐廳用早餐，也沒別的事好做，打算早點到車站參觀一下台東線的小火車，就在快到七點、正要離開房間時，電話響了。

拿起話筒，昨天的司機說他來接我了，正在樓下的大廳等。明明再三強調八點半再來就行，結果他還是來了。

沒辦法，我只好跟他一起到車站，在我去花蓮港的時候，就請他在車站前等一會兒。

計程車駛向和車站相反的方向，我才想著大概是因為單行道的關係所以得繞一圈時，車子就這麼開向郊區了。

「等等，你到底是要開去哪裡？」我連忙開口。

「去天祥啊。」司機不急不徐地說。

我請他停下車來，不得不再次向他解釋我這趟旅行的首要之務。

司機總算明白了，於是向右轉，不過行駛的方向還是怪怪的。雖然確實已經不是往天祥的路，看起來卻也不像要去花蓮站，就這樣行駛在既非往天祥、也非往花蓮站的路上。他好像不是要載我去花蓮，而是要去花蓮港。根據時刻表記載，花蓮和花蓮港之間的距離是四・〇公里。

我又問了一次他要去哪裡。

「花蓮港站。」他回答道。

因為太麻煩了，他索性直接開到花蓮港。

我預計要搭的列車會在7點30分從花蓮出發，7點40分抵達花蓮港，並在十分鐘後的7點50分返回花蓮。我想可以搭到就好了。

沒多久，太平洋就出現在右手邊，計程車行駛在海階上。沿路有一整排檳榔樹，單調的海岸線上，以太平洋來說算得上安穩的波浪翻打著。幾乎看不到民宅，早晨的太陽直射著閒適的岸邊。說到花蓮到花蓮港這段路程，我還以為會有民宅和倉庫林立，沒想到卻是靜謐的海岸。

不知不覺中駛過了花蓮港，我懷疑是不是要開到天祥去了，感到有些不安，但過沒多久，馬路右側便有台東線的狹狹軌鐵軌靠了過來，是軌距七六二公釐、討人喜愛的鐵軌。

花蓮港站位在莊嚴的門與牆後方。

台灣的港灣設施視同軍事設施，因此禁止拍照。

就算是為了搭火車到車站去，通過設立了警衛處的大門還是讓人覺得像來錯地方，不禁有幾分緊張，但計程車卻毫不遲疑地開進去，停在小巧而莊重的建築物前。建築外觀看來像是檢疫所，上頭卻寫著「花蓮港車站」。

車站裡有幾位站務員，候車處和建築物前倒是看不到半個像乘客的人，安靜到讓人懷疑真的會有火車來嗎？不過，站內鋪設了好幾條鐵軌，還停著剛好容一個人駕駛的小型貨車。

兩個年輕站務員見到我，一臉訝異地走上前來，一副我怎麼會到這裡來的表情。

「花蓮，車票。」我用中文說道。

不過感覺上沒有在賣票。站務員很年輕，所以用日文完全無法溝通，但既然來到車站，照理說他們應該明白我是要來搭火車的才對，卻只是像看到什麼珍禽異獸般直盯著我。要是司機沒有來翻譯，我實在沒把握可以順利搭上花蓮港到花蓮間的列車。

最後看到我順利買到車票，司機反覆提醒我他會在花蓮的車站等，接著便回去了。

從花蓮發車的列車如時刻表所示，準時在7點40分抵達。以柴油機關車為首，牽引著各式各樣的客車共七節。然而，卻沒有半個乘客下車，眼下要搭車的，也只有我一個。明明有列車行駛，實在很難相信一整天會連一個客人都沒有。是不是今天出了什麼問題呢？不過中間還有新村跟美崙兩站，或許乘客是中途下車了也不一定。

距離發車還有十分鐘左右。我一一探看這七節編成的客車，有鋼體車廂，也有懷舊的木造車廂，讓人彷彿回到了幾十年前。木造車廂的寬度窄，高度也低，回過頭來看向整個編成，上下左右都凹凸不平，雜亂無章，特別有意思。和那些規格一致的車廂相比，別有一種風味。

車廂內的座位配置也各異其趣，有四人座的非字型座位左右並列，很有「火車」的感覺，也有背對窗戶面對面的「國電」型長條椅，還有一邊是四人座、另一邊是長條椅的，不管哪一種，椅背都是木板。

走在空無一人的車廂裡，就像身在鐵道博物館。地板一塵不染，台灣乘客比日本的更守規矩，尤其是學生，一板一眼到讓人覺得稍嫌呆板，所以也不會弄髒車廂吧。就算這樣，也實在乾淨過頭了，沒有半點乘客搭過的跡象，想來應該是空車從花蓮來的。

牆壁上跟日本一樣有玻璃布告欄，上方是青天白日旗的圖案，下方則是在印有鐵路局標誌的紙上用明體寫著：

「請勿高聲談笑　以免擾亂鄰座安寧」。

這樣說來，我的車票背面也用橡皮章印了「明禮尚義　雪恥復國」。

到了發車時間，還是不見乘客的身影。

7點50分，準時起動，並沒有鳴笛，從機關車那端和連結器咬合的聲響，如同骨牌般一節一節傳遞過來，接著便是鏗鏘有力的一陣衝擊。我搭的是倒數第二節的木造車廂，窗框和椅背嘎吱作響，令人感到懷念。

不過一開始行駛，車速便節節上升。到花蓮有四．〇公里，中途會停靠兩站，所需時間是十分鐘，因此時速非得達到五十公里不可。

左邊窗外是剛才在計程車上看到的廣闊的太平洋，六月的陽光很強，今天肯定也很熱。

把脖子伸出窗外眺望前方，軌道儘管平緩，卻左彎右拐，即便是單調的海岸也多少有些突出或凹陷，列車則忠實地沿著那樣的海岸線運行。看到這樣將車體左右彎來繞去、一下子凹進去一下子又凸出來的列車，讓我想起一種將竹子橫切後拼接起來做成的玩具蛇。

前方若隱若現的花蓮小鎮越來越近，沒多久，列車駛入民宅之間，停了下來。時間剛剛好是8點00分，準時抵達花蓮，但卻沒有看到月台。眼看著已經進站，也看到了幾條側線，但列車與其說是停靠在車站，倒更像因為號誌機亮紅燈而暫時停了下來。列車駛入大站時經常會這樣，像到上野站前不暫停的上行列車就很少見，所以我還是穩如泰山地坐在位子上。

暫時停下來的列車馬上又動了起來。

我的座位另一側的窗外，掠過小小的「花蓮」站標，我連忙站起來湊上前看，結果又窄又陽春的月台正往後溜走——剛剛停車的地方就是花蓮。

雖然昨天晚上我已經先來花蓮站探勘過了，卻沒注意到月台是在另一個地方，剛剛那個一定就是往花蓮港的列車專用的月台。由於月台很短，因此我所在的倒數第二節車廂就沒有靠著月台停，在日本也經常會遇到這種情況。總而言之，我明明到了終點站卻沒下車。

通過又窄又短的月台，接著現身的是貨真價實的花蓮站。然而月台與列車之間卻隔了好幾條鐵軌，列車經過車站內的轉轍器，緩慢地運行著。究竟要開往哪裡呢？

剪票口外，那位計程車司機正探出身子往這邊看，不過視線剛好落在往花蓮港列車專用的月台，所以沒注意到我在窗邊揮手。他心裡八成在想：那個臭客人果然跑了。

迴送列車不知道要把我帶到哪裡去，讓人有點擔心，還好最後就停在車站南邊。我趕忙跳下鐵軌，狹狹軌的車廂很小，這種時候就很方便。

花蓮車站內朝氣蓬勃。幾名連結工正在進行貨車調車轉線的作業，小型蒸汽機關車朝向後方牽引貨車，我就跳到了那邊去，但沒有人出聲制止。

跨過幾條軌距七六二公釐的狹窄鐵軌，穿過柵欄間的空隙逃脫到站外。到剪票口還有很長一段路，沿著鐵軌旁走的話，月台上的站務員應該也不會說什麼。

我先走到站前廣場再走進車站，但剪票口已經不見司機的身影。要是他死心離開了，那這一連串經過也實在是不湊巧。車站前多得是計程車，難道得搭這裡的去天祥嗎？

我在站前廣場找了找，發現不遠處有一輛計程車孤零零地停在那兒，車前有個人無精打采地抽著菸，看起來很像那位司機。

我連忙衝上前去，結果真的是他。可能原本已經死心了吧，司機看起來喜出望外。香菸從他的指間掉了下來。

這下終於可以放心了，接著只剩往返天祥的行程。車子沿著今天早上走過的路，飛快地往北行駛。

從花蓮到天祥首先要沿北迴線，也就是沿著海岸一路北上到約二十公里遠的新城。正如昨天看到的，北迴線是行駛在斷崖上的路線，只有花蓮到新城間是平地，零星散布著果園和大理石加工廠，安穩閒適。此外馬路都鋪上了柏油，是一趟舒適的兜風之旅。

司機的心情好得不得了，於是打開了話匣子。說他一直到去年都還在當憲兵，因為役期結束，所以才買了這輛車開始跑計程車。

這台計程車有冷氣。這是我來到台灣第四次搭計程車，卻是第一次搭到冷氣車，座椅和內裝與之前搭的幾輛相比，也顯得乾淨整潔。我說了句「這輛車真不錯」，結果司機變得更滔滔不絕，話匣子關都關不上，說是努力攢了二十三萬元買下這輛國產車，是一輛好車，很好開，已經來回天祥超過一百趟，但車況還是好得很。二十三萬元換算成日幣是一百四十五萬圓，就台灣的物價水準來看，算是非常昂貴的商品。相較之下，計程車資實在便宜，不到日本的一半，大概是因為工錢低廉吧。

何況他還是通曉日語的司機，講日文會穿插助詞，照理說不會太標準的濁音也可以明確地發出來，雖然他說自己有兩個小孩正在讀小學，但也還年輕，並不像是在戰前接受日語教育的世代。

那麼為何日語講得那麼好呢？我問。但不知為何他轉移了話題，沒有回答。雖然這位司機有自說自話、一廂情願、不太聽別人講話的毛病，但當下卻不是這樣。不只是日語這件事，只要稍微提到跟台灣有關的、比較嚴肅的話題，他就避而不答。

這時路邊有兩名女子舉手攔車，司機突然猛踩煞車，停了下來。

「請讓她們搭到新城。」他說。

這條路上沿途都有巴士站牌，看來應該是有巴士行駛，但可能班次很少吧。攔車的和被攔的都一副稀鬆平常的樣子。

行駛了十分鐘左右，車子停了下來，兩名女子給了司機兩三張十元鈔，還用日語對我說了聲「謝謝」。

我們在新城和沿海岸線北上的北迴線以及往蘇澳的蘇花公路分道揚鑣，駛入了立霧溪的溪谷。

立霧溪是收集台灣山地的溪水後流向太平洋的河川之一，卻由於溪流迎面貫通了擋在途中的兩千五百公尺級高山，而形成了深邃的峽谷，也就是太魯閣峽谷。此外，周遭山峰的石灰岩又因為變質作用而變成結晶岩，亦即形成大理石，因此這裡以「大理石峽谷」之姿吸引了絡繹不絕的觀光客。

前往太魯閣峽谷的路稱作「東西橫貫公路」，這條路穿過太魯閣峽谷，越過台灣山地的主稜，直到鄰近台中的東勢，是全長一百九十二．八公里的車道，在一九六〇年落成，是當時的退役軍人一手打造出來的，據說過程中有兩百一十二人犧牲，乃是十分艱困的工程。如今公路局的客運雖然一天會來回一趟花蓮與台中，但因為路況險峻，含休息時間在內要花上十個小時。

基於這番緣由，東西橫貫公路的入口蓋了一座像寺廟的山門那樣的牌樓，彷彿從這裡開始便是踏進聖域。

司機把車停在牌樓前的路旁，對我說：

「在這邊拍照吧。」

我說用不著拍照，繼續往前開吧。

「客人您是不是沒帶照相機呢？」

「有是有，但拍風景照也沒什麼意思。」

「每個日本人來都會在這裡拍照呢。」

司機一臉不可置信，又說：

「那就去天祥了喔。」

距離入口約十分鐘車程的地方有一座朱紅色的長春祠，還有瀑布，似乎是用來紀念工程中犧牲的兩百一十二人。大概是因為在太魯閣峽谷地區喪命的人很多，所以才選擇在這裡祭祀吧。

過了長春祠那一帶峽谷變得更深，河道依然廣闊，但兩岸極其陡峭，是氣勢雄偉的峽谷風貌。就像從輕便鐵道看見的黑部峽谷那樣。

但這裡還只是太魯閣峽谷的玄關，接下來想必有更不得了的斷崖絕壁，實在令人期待。搭火車當然很棒，但造訪知名的觀光景點也很不錯啊，想著想著，我的手心就開始冒汗了。

東西橫貫公路。名字非常有氣勢，路上也鋪設了柏油，路幅卻不算寬。如果對向同樣是計程車，還可以勉強會車，但要是巴士或卡車，不到寬度足以會車的地方，就一定得有一邊倒車。

因為是觀光景點，所以也有團體包車。才過九點就有巴士下山，大概是要在天祥或再往下一點的梨山過夜吧。加上這是一條連結東西部的幹道，所以也有卡車行駛，假使狹路相逢，要說是哪一邊倒車，多半是車體靈活的計程車。在斷崖連綿的峽谷鑿開一條汽車得以通行的車道，這樣的事令人敬佩不已，但就是我搭的計程車老是在倒車。

不巧車道在峽谷的南側，也就是右岸，而台灣是靠右行駛，因此我搭的計程車在會車時就會被逼到斷崖邊。儘管裝設了四角形的混凝土突起物來防止車輛墜落，但有的地方則未安裝。

無論如何，因為回程方向會反過來，所以車道在右岸也好，靠右行駛也罷，意思都一樣，只不過去程的旅客還不習慣高處就是。

眼前是我從來不曾見過的深谷，沒想到山谷竟能夠鑿切得這麼深。

這裡有一處叫作「燕子口」的地方。由於是無法闢路的懸崖峭壁，汽車只得駛入沒有襯砌的隧道。才鬆了一口氣，便看到兼具採光與觀光的功能、橫向開鑿的洞穴，得以俯瞰懸崖。司機停下車，打開了車門。這裡想必是人人都要下車一遊的地方吧。

河道異常狹窄，對岸的絕壁近在眼前，旅遊書上寫著河道寬約十公尺，但因為難以掌握距離感，所以彷彿觸手可及。懸崖之陡峭，讓人幾乎看不到上面的天空。而接下來才是真正的課題，要明白究竟是怎麼回事，得有十足的膽量才行。

從這裡往前一小段路，便會抵達「錐麓大斷崖」。地圖顯示峽谷正北方有一座標高兩千六百零六公尺的三錐山，所以才以此命名吧。這座斷崖位在對岸，只要抬頭看就夠了，倒是不需要什麼膽量。

儘管我不清楚「斷崖」在地形學上的定義，但日本許多「斷崖」命名的規則都很寬鬆，很多明明只是普通的山崖卻被當成斷崖。

自從進入太魯閣的核心地帶後，我的距離感——尤其是對高低落差的感覺——就麻木了，在變得麻木的我眼裡，錐麓大斷崖並非垂直，而是極其陡峭，因此越往上越接近我的頭頂上方。頂峰的部分被雲層環繞，看不清全貌，就我看來，高度大概有華嚴瀑布的十倍左右，也就是一千公尺。正北方矗立著標高兩千六百零六公尺的三錐山，所以要是沒有這樣的落差，數字就很難對得上。事實上，當我說：

「有個一千公尺吧。」

司機還驕傲地點了點頭。保險起見，我翻開了隨身攜帶的旅遊書，上頭寫著「高兩百公尺的大理石巨岩」。

真是本掃興的書，但後面又接著寫道「不用魚眼鏡頭的話無法拍攝全景，就算利用各種技巧，眼前的尺度也並非照片可以表現一二」，這倒是說得沒錯。（須藤郁，《台灣之

旅》，實業之日本社，一九七八年版）

原來如此，我想著，從包包裡拿出相機取景。因為是安裝標準鏡頭的便宜貨，沒辦法拍到錐麓大斷崖的上半截，因此我分成三張拍攝，至於之後拼湊起來能不能呈現全景就不得而知了，雖然如此，我還是努力地透過觀景窗取景，結果司機像是鬆了一口氣那般說：

「您還是會拍照的嘛！」

駛離錐麓大斷崖，越過既高又短的橋梁，初次來到了對岸，也不用再擔心要跟卡車或巴士會車。這一帶開始是叫作「九曲洞」的名勝，顧名思義，無襯砌的隧道百轉千迴，懸崖絕壁連綿不絕，但我剛剛經過了燕子口和錐麓大斷崖的考驗，已經沒有那麼深刻的感受了。

山谷終於豁然開朗，天空也變得開闊，快到十點時，我們抵達了太魯閣峽谷觀光的終點站天祥。

從昨天傍晚就一直聽到的「天祥」，實際一看，卻是沒什麼特色的小型盆地。對岸有像是中國寺廟的朱紅色七重塔，要是沒有的話，天祥就像是日本山間的小聚落。大概是因為海拔有四百五十公尺，不見半棵檳榔之類的熱帶植物。

話雖如此，越過太魯閣峽谷後，此刻映現在眼裡的，毋寧是安詳的世外桃源。我打算從這裡折返，所以才想稍作休息，但即便是直接要前往台中那邊的人，到了這裡也會不由得想要歇一歇吧。

廣闊的河階地有停車場，停了兩三輛巴士和大概十輛私家車。到處都是攜家帶眷的遊客和小團體在幫彼此拍照，還把手抵著頭髮擺姿勢。我在這幾天看到的台灣人都很認真工作，近乎死纏爛打地做生意，還沒見過悠哉地擺姿勢拍照的，但一來到觀光景點，這些人倒是和日本沒什麼兩樣。看到他們拿起相機拍照時，我甚至以為大家都是日本人。

停車場的一角有茶店和土產店，店員正尖聲招攬客人。司機說我八成口渴了，走進其中一間茶店，接著從櫃子裡拿出兩瓶罐裝果汁，準備拿兩張十元紙鈔給店員。我說這怎麼好意思，我來付吧，他卻微微一笑，伸手制止了我。這大概是從跟我們一起搭到新城的女性那裡收到的錢吧。

牆上和架子上陳列著各式各樣的土產，使用名產大理石製作的擺飾很顯眼，壁掛的種類也很多。就像在日本的中餐館經常看到的那種龍虎的圖案，也有幾款搭配了文字的國度才有的名言佳句，在緞子還是什麼布料上用金線繡著：

「天下有二難　登天難　求人更難

天下有二薄　紙張薄　人情更薄」。

看上去實在很醒目。人情比紙薄的說法，竟是來自中國嗎？正大受感動時，司機說：

「咦？您要買嗎？要的話我幫您殺價。」

結果我沒有買，而是抄在了筆記上。

狹狹軌特快車──光華號

兩條鐵軌內側的間隔稱作「軌距」，根據《日本國有鐵道建設規程》，定義「軌距為鐵軌面起十六公釐以內的鐵軌頭部間最短距離」。

以英國為首，歐美各國的軌距大多是一四三五公釐，在全世界佔主流，稱為「標準軌」。而在日本，新幹線和部分民營鐵道也是標準軌。

比標準軌更寬的是「寬軌」，更窄的則是「窄軌」，從最大的一六七六公釐到最小的六一〇公釐，種類繁多，粗略來看，先進國家的軌距大多較寬，舊殖民地則較窄。

可惜大部分的日本鐵道都是一〇六七公釐的窄軌，除了新幹線以外，國鐵線軌距全都是這樣。所謂的一〇六七公釐，可說是很不上不下的尺寸，而且也不那麼好記，但換算成英呎則恰恰是「三呎半」。畢竟英國是鐵道的始祖、日本的導師，所以這也是無可奈何的事。

由於當時被英國強迫採用窄軌，此後一百多年間，日本的鐵道工程師都為與歐美各國之間的「落差」捶胸頓足。儘管興建窄軌的優點是費用低廉，但以輸送能力和速度來看，跟標準軌之間卻差了三六八公釐之多。儘管如此，他們卻仍費盡苦心，盡可能讓大型車輛可以在狹窄的軌道上行駛。

事實上，一〇六七公釐很窄，大概是雙腳一開就可以跨過去的寬度。在這樣的狹軌上運行寬二九〇〇公釐、也就是二．七倍寬的車輛，以超過一百公里的時速行駛，不出軌簡直是奇蹟。畢竟已經盡量將重機械類配置在下方、壓低重心，下足了各種工夫，但就算心知不會有問題，看在眼裡還是萬分驚險。

到一〇六七公釐為止，是載客並正常行駛所需的最小軌距，在這之下便是所謂的輕便鐵道，幾乎都是為了搬運貨物而鋪設的，不僅不求快，安全標準也比較寬鬆。雖然也有輕便鐵道會載人，但要是追根究柢，其實大部分都是載貨的。像很受歡迎的觀光列車黑部峽谷鐵道等，原本就是為了搬運發電廠的建材而鋪設的，據說過去還會在車票背面印上「不擔保安全」的字樣。在日本，這類輕便鐵道的軌距大多是七六二公釐（二呎半）。

台灣鐵道的軌距有兩種，在我目前搭乘過的種類裡，阿里山森林鐵道和台糖公司線是七六二公釐，除此之外的每條線──也就是相當於國鐵的台灣鐵路局各個路線，通通都是一〇六七公釐。

然而，這並不是說鐵路局經營的路線就全都是一〇六七公釐。我接下來準備搭乘的台東線就是唯一的例外，屬於七六二公釐。

同樣是鐵路局的區劃之一，卻只有台東線是七六二公釐的狹狹軌，這是為什麼呢？我原以為是由於收購了民營的輕便鐵道，但並非如此。因為在昭和初年鐵道開通時，就已經有「臺灣總督府鐵道臺東線」，大概是因為東台灣是人口稀少的偏僻地方，所以當時認為輕便鐵道就綽綽有餘。

雖然受到這番待遇，但以輕便鐵道來說，台東線的軌道卻很長，從花蓮港到台東有一百七十四．四公里，長度僅次於縱貫線，車站也多達五十一座。既然有這麼多車站，也就會需要運行快車。

看了看時刻表，台東線的列車有「普通車」、「快車」、「對號特快車」、「光華號」四種類型，種類之豐富，讓人難以聯想這是軌距七六二公釐的輕便鐵道。而且還會行駛夜車，更會附掛臥鋪車。至於其他國家有沒有行駛臥鋪車的輕便鐵道，我就不太清楚了。

我接著要搭的是13點54分從花蓮發車的「光華號」，是速度最快的列車，相當於「特急」。抵達台東的時間是17點26分，要花三個小時又三十二分鐘，花蓮和台東之間的距離有一百七十·四公里，因此算起來時速有四十八·二公里。由於這個數字是包含在車站停等時間的「表定速度」，所以實際行駛時速度想必更快。

「光華號」沿途會停靠九個站，由於是單線區間，所以必須等待上行列車會車。從地圖上來看，至少得越過兩座山嶺，加上台東線並未電氣化，故「光華號」是柴油車，所以爬坡的時候速度會變慢，就這一點來說，即便表定速度約莫四十八公里，實際上一定超過六十公里、甚至七十公里。我沒有搭過時速超過六十公里的輕便鐵道，倒也不清楚別的地方有沒有這麼大膽的輕便鐵道。

聽說台灣的鐵道同樣在飛機和汽車的夾擊下慘澹經營，就連花蓮與台東之間，也有一天一班往返的國內航空公司「遠東航空」的定期航班，還有客運行駛。或許正是為了與這些對手抗衡，才不得不將時刻表安排得這麼緊湊，把「光華號」的時間壓縮在三小時三十二分。這樣的「光華號」就是我接著要搭乘的，不知道搭起來會是什麼感覺，真令人迫不及待。

13點54分從花蓮出發的「光華號」是六節編成的柴油客車，由於是優等列車，所以車上有服務小姐，帶著空中小姐特有的微笑站在車門口。

不知道是不是因為我先入為主的想法，認為七六二公釐的車廂一定窄得要命，所以實際走進車廂後比想像中寬敞，座位同樣中間是走道、左右兩邊各有兩列並排朝向前方。

然而實際坐下來，就會發現真的很窄，感覺像坐遊覽車。

車廂的寬度有多窄，我手邊沒有資料所以不得而知，但這感覺和我們平常乘坐的兩百九十公分寬的車廂還窄個五十公分左右。儘管如此，軌距畢竟也只有七六二公釐，車寬對軌距的比例超過三倍。在這樣的情況下時速還超過六十公里，可說不是省油的燈。

「光華號」都客滿了，我昨天隨興先買了對號座車票，所以可以坐到窗邊最好的位子，但「自願無座」的乘客擠滿了整個走道。這些乘客的行李很多，我放在架子上的單肩背包不知何時從左右兩邊被夾得扁扁的。

很多人在月台上送行。就算只有一百七十公里，台東也是一個遙遠的地方吧。他們越過窗戶握手，即便列車起動也沒有要鬆手的樣子，還有人跟著列車小跑步，雖然怵目驚心，但站務員也沒有上前制止。

鐵軌嘎吱作響，發出磨牙般的聲音駛離花蓮市區，北迴線簇新的道床和鐵軌從右側靠過來，正是由於施工而無法讓我搭乘的花蓮新站到吉安間的軌道。我看到的並不像在施工，過沒多久，北迴線便在「光華號」下方匯合，通過第一站田浦。不知道是幸還是不幸，我的座位就在右側的窗邊，所以看得一清二楚。

過了田浦，隨即停靠在吉安。雖然是只有普通車會停靠的小站，但雀屏中選為北迴線的轉乘站，所以「光華號」也會停靠。車站建築和月台都很新，顯得很氣派，然而環顧四周——說是這麼說，但通道上站滿了人，其實看不太到左邊——並沒有看到北迴線用的車廂。此外，根據時刻表，9點35分從台北發車的「對號特快車」可以轉乘這列「光華號」，但難得停靠卻沒有人上車，看來花蓮新站和吉安之間真的沒有列車運行。

吉安站的正右邊有茅草蓋的圓形屋頂和在椰子樹梢的瞭望台，是一個整潔的小型原住民聚落，讓人聯想到少年漫畫《冒險彈吉》的村莊。我正覺得台東線果然別富趣味時，仔細一看，卻發現一旁立著「阿美文化村」的牌子，還停著遊覽車。阿美文化村是為了展示阿美族的生活——尤其是舞蹈，而在約十年前興建的觀光設施，和太魯閣峽谷並列花蓮的觀光名勝。我雖然沒去參觀，但旅遊書中寫道，在台北近郊烏來的泰雅族觀光聚落和穿著傳統服飾的女孩拍攝紀念照會被收費，但這邊卻不會，至今保有純樸的一面。

台灣現在的人口有一千七百萬，其中大半是從大陸來台的漢族，據說原住民族不到三十萬人。漢族自十七世紀以降便大舉渡海來台，這樣的關係和北海道的愛奴族與大和民族頗為相似。日本統治時代將原住民族統稱為「高砂族」，但他們並非單一種族，而是語言、風俗、容貌各異的幾個不同族群，以北部的泰雅族、中部的鄒族和布農族、東部的阿美族和卑南族，以及南部的排灣族為主。這些族群蟄居在山地，不消說，當然都會抵抗移居者和侵入者，直到一九三〇年代，也就是進入昭和時代才幾乎融合。如今則約有半數下山來到平地生活，只不過仍有一半還生活在山地間，政府將居住在山地的原住民稱為「山地同胞」，呼籲他們下山到平地生活。

被險峻的山地隔開、與中樞交通不便的台東線沿線，當然也住了很多原住民，據說台東的人口有半數是山地同胞。

我所乘坐的「光華號」5號車廂裡，就有好幾位看起來像是原住民的乘客。眉毛很濃、眼神銳利，短小精悍，雖然身材有點矮小，但外表陽剛，簡直是明星的料子。至於車廂內有沒有原住民女性，就不得而知了。

自吉安發車沒多久便駛入了鄉間，大概是因為路況很好，既沒有高低落差、也沒有彎道，「光華號」開始提升速度。

車速飛快。我正想著以七六二公釐的軌距來說這應該已經是極限了，結果速度還節節上升，時速超過了六十公里，接著又超過七十公里，最後來到八十二、三公里。

或許有人會納悶，我明明沒有看到駕駛座，為什麼會知道時速是多少？這其實可以簡單地計算出來。

有好幾種方法可以不看時速表而計算出時速，如果要一項項說明實在有點麻煩，所以概括來說，我使用的方法就是計算「光華號」軌條接縫的聲響。以前每一截軌條的長度都是十公尺，後來改用長軌，在日本就幾乎不能再沿用這種計算方法。不過，台東線卻是早年的十公尺軌條。就算不是我，換作其他人也能馬上明白，要是接縫不斷發出匡噹匡噹的聲響，那就是十公尺的軌條。光聽聲音就知道這並不是九公尺或十一公尺，而是十公尺的軌條，雖然是一種特殊技能，不過那樣半長不短的軌條通常只會出現在車站的道岔附近等特殊地帶。那裡繁忙又富有節奏感的接縫聲響，一拍正是十公尺。

既然知道是每截十公尺的軌條，那就可以一邊盯著手表的秒針，一邊數「三十六秒間鐵軌的接縫發出幾次聲響」，計算出來的數字便是列車的「時速」。因為三十六秒是一小時的百分之一，十公尺則是一公里的百分之一，所以根本用不著換算。

保險起見，我也查了通過車站間的時間。根據地圖所示，吉安下五站的豐田和它下一站的溪口間是四．一公里的直線區間。我想是屬於加速的區間，因此試著計算了站跟站之間所需的時間。結果通過這兩站各自的中心位置、也就是剪票口附近的時間是三分零二秒，時速是八十一公里，由於接近溪口站時速度略為下降了，所以我想原本大概有八十二、三公里。

新幹線的最高時速是兩百一十公里，就算是在來線也有一百二十公里，知道這些的人或許會認為不過只有八十二、三公里罷了，沒什麼了不起。然而，軌距七六二公釐、也就是在台車用的鐵軌上達到時速八十二公里的速度感可不是蓋的。汽車的一百二十公里時速和摩托車的八十公里相比，後者更刺激，我想道理應該是一樣的。我們通常會形容一件事像是搭雲霄飛車那般驚險刺激，但要是光看時速，雲霄飛車大概也只有六十公里左右。

儘管車輛的規模和乘客感受到的速度之間無法用數學公式來呈現，但我有一些個人的想法記在下面。

將新幹線的軌距一四三五公釐相乘，會得到「二〇五九二二五」這個數字，如果將後面四位數四捨五入，則會得到「二〇六」，近似於新幹線的最高時速「二一〇」公里。

至於在來線的軌距是一〇六七公釐，相乘後會得到「一一三八四八九」，同樣將末四位數四捨五入，得到「一一四」，而它的最高時速則是「一二〇」公里。要是再降個五公里就很好，但已經是相當接近的數值。

接著，將台東線的軌距七六二公釐相乘後，會得到「五八〇六四四」，捨棄末四位數，便得到「五八」這個數字。根據相乘的數值，新幹線最高速度多了「四」，在來線則多了「六」，據此在「五八」上多加「八」，則台東線的最高速度應該可以到達「六六」。然而「光華號」的時速卻「超過八十公里」。

雖然是自說自話、不可盡信的算法，但這樣的數字和我的實際感受卻不謀而合。以時速六十公里左右行駛時會讓人覺得列車正奮力向前，感覺十分舒適；要是超過七十公里，則會讓人想叫它別那麼逞強；一旦超過八十公里，簡直讓人想尖叫喊停了。

宛如在亂流中飛行的噴射客機般晃動，連架子上的行李都掉了下來，疾馳的「光華號」通過了溪口，突然放慢到剛剛好的速度，再也沒有暴衝到八十幾公里，而且還開始延遲。「光華號」會放慢速度，是因為溪口站前方有急轉彎。顧名思義，溪口這個地方就是壽豐溪這條河流出山間到平原的河谷谷口。

在山勢高聳、雨量豐沛的台灣山地，河谷很深，奔流而下的河川有如自山谷解放而展開了翅膀那般奔騰澎湃，形成了廣闊的沖積扇。台東線橫穿過好幾條這樣的河川，但要好好地橫越過去就必須架設長鐵橋。所以軌道會往右彎，沿著沖積扇的外緣接近河谷，接著又彎向左側靠近扇釘，也就是越過河道狹窄的地方。正因為這樣的規劃，鐵橋前後是曲線區間，速度就會降下來。

速度放慢，讓我鬆了一口氣，但這當然是正規的運行速度，列車時刻的安排也將這一點計算在內。

而「光華號」開始延遲，是因為這一帶有許多地方正在「施工」，所以有時候不得不減速慢行。

隨著北迴線開通，政府開始動工將台東線的軌距拓寬為和鐵路局各線相同的一〇六七公釐，據說將在一九八一年完工。鐵路工程的情況各國有所不同也是沒辦法的事，但這樣的高效率真是令人羨慕。

此外鐵橋也幾乎同時進行整修工程，「光華號」用最慢的速度駛過，其中雖然有已經完工的鐵橋，但也有地基尚未穩固的，顯然還是需要減速慢行。

許多區間的道床已經重新鋪設完畢，簇新的道碴由於混入了大理石，亮晃晃的，簡直讓人眼睛都睜不開了。這一帶的山由石灰岩和大理石形成，因此河床也白燦燦的，儘管大理石和一般的碎石其實沒兩樣，但看在我這個日本來的人眼裡，可是相當高級的道床。

列車晚了五分鐘抵達吉安的下一個停靠站鳳林，氣派堂皇的樣子讓人很難想像這裡是狹狹軌鐵道的車站，嶄新的車站建築顯然比軌距改裝工程要早完工。月台也已經整修完畢，鋪設了一整面的大理石碎片，固然沒有採用整片大理石，但有點像溫泉旅館的大浴場。在這座豪華的月台上，便當業者右手高高舉起一個三十元（一九〇圓）的火車便當來回走動。

根據時刻表，抵達下一個停靠站光復需要十六分鐘，但沿途有許多正在改建的鐵橋，結果晚了約十分鐘。光復是一個大站，大概有兩成的乘客在這裡下車。

站內也很寬闊，看來足以跟縱貫線的主要車站一別苗頭，但我眼睛的尺度可能有些混亂了。在花蓮站時原本覺得小巧可愛的狹狹軌專用貨車，現在看起來沒那麼小巧，軌道寬度感覺也沒那麼窄了。從花蓮發車至今過了一個多小時，現在的時間是三點多一點。

我變得無法判斷算是寬敞還是普通的站內一角，有一座木造的機關庫，一輛小型蒸汽機關車正冒著白煙——這倒是真的很小。

一從光復發車，便遇到上坡。

台灣的地形大抵單純，海岸線狀似番薯，連同地勢考慮進去的話，可以說就像是柴魚塊。島嶼偏東側是連綿的山地，山地的西邊是平原，東邊則赫然沉降入海。雖然如此，唯有行駛台東線的花蓮與台東間略顯複雜。以一千六百八十二公尺的新港山為最高峰的細長山脈像多出來的那樣緊緊依附著，和中央山地之間形成了鞍部。

台東線便是駛向這個鞍部的平原，因此看不到海，左右望去都是山峰。這片又窄又長的平原劃分為三個水系：朝北流向花蓮的花蓮溪、朝南在台東附近出海的卑南溪，以及位在這兩個水系間、衝破東側山脈注入太平洋的姑巒溪[43]。

「光華號」加足馬力，徐緩地溯花蓮溪而上，越過往姑巒溪的分水嶺。雖然天氣晴朗，但瞬間就風雲變色，雷陣雨緊接而來。正因為很熱，驟雨帶來的涼意不禁讓人感到舒適，但當下還是不得不關上窗子。

雷陣雨過去沒多久，車窗前便閃過寫著「北回歸線」白色大字的標示牌。

列車晚了二十分鐘抵達玉里，這裡是姑巒溪所形成的盆地的中心地帶，車站也很壯觀。之前喊著「ㄅㄧㄢˋ ㄉㄤ」的火車便當叫賣聲，在這裡變成了「ㄈㄢˋ ㄅㄠ」，阿里山鐵道喊的也是ㄈㄢˋ ㄅㄠ而非ㄅㄧㄢˋ ㄉㄤ，是因為進入山地所以才改變稱呼嗎？右邊窗外連綿的山巒正對面就是阿里山，叫賣著ㄈㄢˋ ㄅㄠ的聲音，讓人懷念起那群從鐵軌上向乘客伸出水果籃的婦人，以及吳鳳旅社那位親切的老闆。才不過三、四天前的經歷，說懷念或許有些奇怪，但我總覺得那已經遙遠得像是上輩子的事了。或許是因為來到台灣以後，每天都讓人應接不暇，所以才有這樣的感受吧。

約有三分之一的乘客在玉里下車，當中也有幾位眼神銳利、像是山地同胞的乘客。已經沒人站著了，到處都有空位。

坐在我旁邊的乘客沒有在玉里下車，大概要到台東吧。他的膚色黝黑、頭蓋骨很大，脖子短、肩膀寬，就像一隻大猩猩。打從自花蓮上車，我就像坐在已故的石坂泰三[44]先生隔壁，所以不太有他是台灣人的感覺。

但一抵達玉里，這個人便猛然起身向窗外買了個「ㄈㄢˋ ㄅㄠ」，卯起來吃起這個口味又重又油、我幾乎難以下嚥的火車便當。

因為他的肩膀很寬，加上座位很窄，一動筷，手肘就會戳到我的側腹。這位石坂先生用中文對我說了聲「謝謝」，順勢開啟了話題，因為他年紀大，所以通曉日語。他表示自己要到台東做生意，但也不是什麼值得一提的事，問我為什麼在台灣的這種地方搭火車，我據實以告，卻似乎反倒被認為是可疑的日本人，他不吭聲了，吃完ㄈㄢˋ ㄅㄠ便呼呼大睡。

---

43 應為「秀姑巒溪」。

44 石坂泰三（一八八六—一九七五），日本商業泰斗，曾任第一生命保險、東京芝浦電氣公司（東芝集團前身）社長。

過了玉里的那一帶，窗外景觀變得更為寒傖，半垮不垮的白牆民宅十分引人注目，光著腳的少年小心翼翼地抱著椰子站在鐵軌邊。

越過姑巒溪和卑南溪的分水嶺，離台東已經很近了。太陽落入中央山地的另一側，又窄又長的谷底平原開始蒙上一層薄霧，薄霧之上，可以看到一整排椰子樹稍。

台東市

原本預定17點26分抵達的「光華號」晚了三十分鐘抵達終點站台東。

鄰座肩膀很寬的老伯向我告別：「莎喲娜拉。」

我下意識地說出「再見」，只有「謝謝」和「再見」兩個詞我會不假思索地脫口而出。

後來走到通道上的老伯停了下來，用有點僵硬的口吻說：

「你去過、北京嗎？」

我正想說自己沒去過，他為什麼要這麼問？結果他轉身背向我又說了一句「莎喲娜拉」，就走掉了。

「再見」雖然是北京話，但在台灣也被當作標準語。在此之前我說過好幾次「再見」，對方都是笑著接受。唯有那麼一次——不過就是昨天，在往菁桐的平溪線列車上，我對那位青年說「再見」時，他像是要糾正我那般回覆了「再會」。莫非在東台灣不太用「再見」？

台東站前的廣場有一座蔣介石的銅像背對車站矗立著。車站前的銅像絕大多數都是孫文，偶爾也有蔣介石，蔣介石的頭部和軀幹都很細長，就算從背後看也馬上就能分辨。

我搭上了站前的計程車，說要到「洋洲大飯店」。

旅遊書列舉的台東住宿地點是知本溫泉，是唯一推薦觀光客住宿的地方。知本溫泉距離台東約十五公里，但我個人想要在市區過夜，晚上到鬧區走走。翻了好幾本旅遊書，才終於找到了一家「洋洲大飯店」，地址是「台東市光明路九十號」。

蓋了蔣介石銅像的站前很寬廣，從這裡直線延伸的柏油路也很寬敞，但行駛不到一分鐘，路上便不再鋪柏油，在沒有紅綠燈的交叉口右轉，計程車隨即停在洋洲大飯店門口，就算用走的也只要五、六分鐘。

一進大門，有個雖然小但像是大廳的地方，也有櫃檯，不過櫃檯上有一隻肥貓在睡覺，還有牠咬過的魚乾。在貓咪對面，比起開飯店，感覺更適合擺攤的婦人一邊看電視一邊用左手不斷搔著頭，右手則拿著龍眼吃。

她只會一點點日語，費了一點工夫才讓她明白我想在這裡過夜，婦人預先收了住宿費三百元（一九〇〇圓）後，便拿著房間鑰匙一臉不耐地帶我到二樓走廊盡頭的房間。

房間很小，大半個空間都被雙人床佔據了，靠床的牆上掛著一面大約五十公分寬的鏡子。

我莫名地站著不動，原本面無表情的婦人突然笑了出來，用日文對我說：

「你要不要、叫小姐？」

接著擺出一副風情萬種的樣子，彷彿在自我推銷。

雖然是有點陰森的大飯店，但好歹有浴缸與廁所，我早就汗流浹背，鼻孔裡都是髒污，大概是柴油特快車「光華號」的油煙吧。

明天預計搭巴士繞南部一圈，到西岸的枋寮，搭乘僅剩的屏東線和支線東港線，最後抵達高雄。當務之急是查好巴士的時刻，可以問的人雖然只有那位怪怪的婦人，但也沒辦法了。我於是下樓到櫃檯。

往高雄的巴士車班比我想得還要密集，平均一個鐘頭有兩班從車站前發車，這樣的話，我想明天就睡到自然醒，再看看來得及搭哪一班吧。

「明天星期天，巴士會客滿，今天先買票吧。」婦人說道。

她還走出大門告訴我怎麼去車站，其實我已經知道路了，但沒想到她這麼親切。

不過我還得先吃點東西，又不想吃中國菜，重油和重調味實在難以入口。所以我大致表達了自己的意思，請她告訴我哪一家店可以吃到中國菜以外的料理。

婦人沒有回答我，轉頭向裡面大喊了幾聲，結果一位年輕女子走了出來。她穿著白色休閒褲，姿態姣好，濃眉底下一雙骨碌碌的眼睛水靈靈的，櫻桃小口像是受驚那樣半張著。

畢竟婦人才問過我「要不要叫小姐」，當下我還以為她誤會了。雖然眼前的女孩子很漂亮，就算婦人誤會了也無妨，但婦人對她說了幾句話，女孩便率直地點了點頭，騎上停在大門旁邊的摩托車——結果人家好像是婦人的女兒。

她對著我比了比，意思是叫我坐上後座。雖然這般親切讓人很感激，但我還真沒有坐過摩托車後座。

台灣滿街都是摩托車和機車，而且很少一個人騎車，多是雙載，話雖如此，我還沒有看過女生騎車載男生的。

一出發，她的頭髮隨即飄起來擋住了我的臉。就在我以為車身要倒向一邊的時候，卻在十字路口轉了彎。摩托車在轉彎時傾斜的角度很大。

她帶我去的是一家日本料理店。看上去像是大眾化的小酒館，從外面看得到壽司店那樣的一整塊白木木板，不過沒有半個客人，也看不到板前師傅的身影。面向馬路的這一側擺了玻璃櫃，魚、壽司捲和豆皮壽司都一起放在裡面，由於沒有冷藏設備，所以食材看起來都因為常溫而顯得不那麼新鮮。而且魚的外形和眼睛與在日本常吃的不一樣。雖然也有像明蝦那樣的食材，但色澤黝黑，活像是跟小龍蝦生的。

店內深處擺著裝日本酒的一升瓶，雖然很讓人垂涎，但我目送她的摩托車消失在街角後，也就離開了那間店。

我到車站前的公路局客運營業所買了明天早上7點20分往高雄的「金龍號」車票，接著走進了同樣在站前的商務飯店地下室的酒吧「水晶宮餐廳」。裡頭擺著電吉他和鋼琴，美式音樂震耳欲聾，年輕男女齊聚一堂。我在那邊吃了很厚的三明治，還喝了紹興酒。疲勞和飢餓讓紹興酒發揮了效用，台東也好、東京也罷，我渾然不在意自己身在何方。

心情暢快地準備返回洋洲大飯店，沿途經過好幾家夜間攤販，我六點多搭計程車經過的時候並沒有見到，大概是太陽下山後才出來擺攤。

我昨天晚上也逛了一下花蓮的攤販。台東的攤販雖然跟花蓮的有點像，但行政等級比花蓮低，就這一點來說，頗有鄉土趣味。

此外還有掛著蘆葦簾子賣甘蔗的店，立著幾十根顏色漆黑像細竹子那樣約兩公尺高的竿子，乍看像賣竹竿的，但年輕精悍的山地同胞拿著鋒利的小刀站在一旁，一有客人要購買，便飛快地把皮剝開，俐落地從邊邊開始切成四段，雖然是靠目測，不過每一段的長度都剛好一樣。整個過程不到三十秒，可以說是非常出色的手法，我看了好一會兒，但光站在那邊看也有點不好意思，於是花了二十元（一三〇圓）買了一整根帶回去。

一時衝動買了甘蔗，也不知道該拿它怎麼辦，我於是送給了洋洲大飯店那位婦人。她也沒道謝就收下了，隨手把甘蔗靠在牆上，又對我說「你要不要、叫小姐？」故作姿態的樣子，好像是講這句話時的習慣。

7

六月八日（日）

台東——高雄

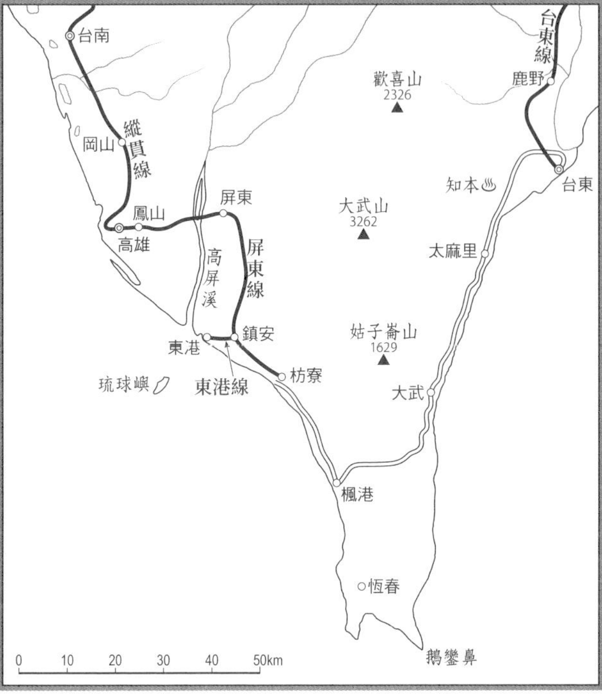

台南
縱貫線
岡山
鳳山
高雄
屏東
屏東線
高屏溪
東港
鎮安
東港線
枋寮
琉球嶼
歡喜山
2326
大武山
3262
姑子崙山
1629
台東線
鹿野
台東
知本
太麻里
大武
楓港
恆春
鵝鑾鼻
0
10
20
30
40
50km

公路局公共汽車・金龍號

隔天早上六點多，我收拾好了便下樓到櫃檯，那根甘蔗還原封不動地靠在牆邊。我想著自己到底為什麼要買這樣的東西。

「要再來啊。」婦人說。

如果是台北或高雄還有可能，要再次造訪台東大概機會渺茫，但也不是個壞主意。阿里山的吳鳳旅社也是，第一印象和實際結果並不一定相同。

來到車站，我買了月台票到月台看看。果不其然，站內停靠著臥車，是半夜0點25分從花蓮發車、5點30分抵達台東的臥鋪車。塗裝成紅棕色的木造車廂[45]，臥鋪佔了一半，分成上下鋪。台東線的軌距拓寬為一〇六七公釐的話，以後就再也看不到狹狹軌的臥鋪車了吧。

早晨強烈的陽光開始照耀著站前的公路局公共汽車發車處，有三輛巴士並排，其中一台就是往高雄的「中興號」冷氣車。

車站建築上方有精工舍的大型電子時鐘，隨著七點報時，三輛巴士不約而同發動了引擎。又大又豪華的「中興號」前後是略小又有點髒的巴士，排成一列，繞了站前的圓環半圈後駛離。就像相撲的橫綱入土俵的儀式那樣，但這是正確的發車動作。

「中興號」發車後沒多久，我要搭的「金龍號」便開進來了。一看，窗戶開著，原來不是冷氣車，車體和座位相比「中興號」也略遜一籌。

我本想著7點出發未免太早，所以選了7點20分出發的「金龍號」。我只知道台灣公路局的長途快車是全車對號且有冷氣的車種，以為只要叫作某某號的巴士都是一樣的，沒想到差多了。然而仔細想想，比起神話傳說中的「金龍」，符合國家方針的「中興」必定還是高一等。

來台灣的六天裡，除了午後雷陣雨以外都是晴天，雖然每天都熱到叫人吃不消，但看來今天還會更熱。萬里無雲，明明才剛過七點，站在太陽下就已經熱到讓人受不了，偏偏我卻選擇搭沒有冷氣的巴士。到枋寮要三個半小時，行經的還是台灣最南端的路線。

7點20分自台東站前開往高雄的無冷氣巴士「金龍號」幾乎客滿，行駛在零星分布著椰子樹的台東平原的水田地帶。路幅是狹窄的兩線道，但鋪了柏油，路上的車也很少，要是耐得住暑氣，倒不失為一趟舒適的兜風旅行。

45 應指車廂內部的座椅與床鋪。

大約行駛二十分鐘後，經過了知本溫泉的入口，台東平原已來到盡頭，接著便沿海岸行駛。到了這一帶，台灣變得更細長，中央山地的高度也開始變低，然而兩千公尺級的山峰仍連綿不絕，還有一座標高三千兩百六十二公尺的大武山，因此海岸險峻，就算不是斷崖絕壁，也是極其相近的陡坡。儘管不像前天在北迴線時，從車窗瞥見的蘇花公路的清水斷崖那樣，巴士仍舊是行駛在懸崖峭壁。左邊的遮光窗簾都拉了起來，看不太清楚，但窗外是一望無際的太平洋。

這樣的海岸卻也有幾條短小的河川從山上流下來，在僅有的平地形成了河口，成為小型聚落。從崖邊的路駛入三面環山、長滿椰子樹和芒果樹的村莊，儼然一幅和平安詳的景象。

巴士一停下來，便有幾個人各自上下車，上車的人也就坐到了下車的人的座位，不過也有人不是看見空位就坐，而是根據車票上的座號入座。對號車票大概是在巴士站牌附近的雜貨店買的吧，卻可以這麼精準地對號入座，讓人不得不佩服。

從台東出發一個半小時後，巴士停在大武這個頗具規模的村莊，休息十分鐘。因為接下來要告別太平洋，越過中央山地的末稜，抵達西海岸。

這裡離最南端的鵝鑾鼻只有四十公里，以三千九百九十七公尺高的玉山為主峰的中央山地也變得低緩了許多。巴士有好一陣子反覆開在鋸齒狀的上坡路，接著緩緩地行駛在明朗的高原。

離開大武後約莫一個小時，碧藍的海洋出現在眼前，抵達了楓港。楓港是和高雄到鵝鑾鼻的省道匯合的地方，有寬廣的巴士乘車處，且周邊有旅館、土產店、茶店環繞，在這裡也停了十分鐘。司機去洗手間，大多數乘客也都下了車。

我也下車看看，但除了陽光讓人頭暈目眩，並沒有什麼事好做。

於是走到水果攤瞧瞧。畢竟是盛產水果的台灣，因此種類相當豐富。客群大概都是巴士乘客吧，所以果皮已經削好了，方便馬上食用，帶皮的只有龍眼和香蕉。

巴士自楓港改為向北行駛。馬路很寬，沿途是連綿的椰子樹，一路上十分舒適。不曉得是不是因為今天是星期天，沿路駛過的汽車和雙載的機車都像是要前往觀光景點鵝鑾鼻。還有以這些人為客群的攤販，椰子似乎是當地特產，路邊有很多店堆滿了毛茸茸的椰子，還看到寫著「椰子大王」的招牌。

十點四十五分，我在枋寮站前下了車，在台北站買到的台灣全圖中，離省道西側稍遠的地方畫了一座車站，但實際上是位在省道東側，就在觸目可及的地方，背對著白色車站建築的孫文銅像正俯瞰著這邊。

枋寮是台灣最南端的車站，是以高雄為起點的屏東線的終點，長六十一．三公里，中途有從鎮安起始的六．二公里支線東港線。只要再搭乘這兩條線，我的台灣鐵路千公里之旅就告一段落了。

屏東線．東港線

在枋寮下車的只有我一個。就算蓋了鐵道，大家還是選擇搭巴士吧。

我再次看向這座最南端的車站。那是白色的方正建築，四下卻沒有陰影。因為太陽就在頭頂上，所以幾乎不會形成影子。

打開地圖一看，這一帶約莫是東經一百二十度三十分、北緯二十二度二十分，位在北回歸線以南約一度。今天是六月八日，而太陽來到北回歸線的夏至則是六月二十二日。差了十四天，和北回歸線差了一度，算是相符吧。這麼一來，正午時分太陽應該就位在頭頂上。

我搭上11點20分從枋寮開往高雄的列車，在第五站鎮安下車。鎮安站是東港線的轉乘站，卻有廣闊的水田與魚塭，是一座閒散的車站。

時間是11點45分，我接下來要搭的往東港的一台柴油客車載著兩、三名乘客，孤零零地停靠著。

月台中央立著像方尖碑的白色標柱寫著：

「往東港旅客請在本月台上車」。

大概因為底座開闊，所以已經沒了影子。

月台上還有電線桿，底部有範圍差不多像狗小便那樣的影子。

我的影子則縮在鞋子的周圍，已經小得不能再小了。

站在電線桿旁邊，我伸手遮蔭，抬頭看了看頭頂的太陽，又瞧了瞧自己腳邊，結果有個身材魁梧的中年副站長走了過來。他也沒有影子。

「你是日本人嗎？」他用日語問道。

我說對，他接著說：

「自從日本打敗仗之後，我就沒有再說過日語了。你聽得懂我的日語嗎？」

我一說聽得懂，他便像水壩潰堤那樣，滿臉懷念地一股腦兒說起小學時的回憶。

東港線的柴油客車載了四名乘客，在12點01分從鎮安出發。

水田的田埂種了一整排椰子樹和檳榔樹。旁邊放著圓材，大概是用來當作稻架。中途過了大鵬這一站，就來到溼地區，應該接近海邊了。四處都是像濱名湖的養鰻場那樣的四角魚池，還有「養蟹場」的看板。

九分鐘行駛了六．二公里，在12點10分抵達終點東港。有一座月台、陳舊的木造車站，站前廣場空蕩蕩的，沒有半家店。與其說是廣場，更像一片空地。

除了我，其他三名乘客都各自走向空地，眼前的景象彷彿北海道地方線的終點站，但卻有一顆椰子滾到地上。我走近一看，原來底部挖了個洞，椰子汁已經被倒光了。

廣場右側是香蕉園，走到園內非常涼爽，偌大的葉片宛如綠色的濾鏡，讓我的手臂看來毫無血色，恐怕整張臉也蒼白得跟鬼一樣。我試著舉起一串香蕉，非常重，大概有幾十公斤。香蕉樹與其說是樹，不如說是草，但居然支撐得起這樣的重量。

回程往鎮安的列車是12點53分發車，還有得等。除了香蕉園也沒有別的東西好看，我走回去坐在車站長椅上，結果司機員、車長還有一位站務員都靠到我身邊來。站務員沒有戴帽子，所以不清楚他是站長、副站長或一般職員，不過三個人都有點年紀了。台灣鐵路局的員工結構似乎和日本的國鐵一樣正面臨高齡化。保險起見，我請教了站務員的年紀，結果和我一樣五十三歲。

三個人用日語爭相開口，一個人還沒講完，另一個便迫不及待地插話，站務員說他已經三十五年沒說過日語了，和鎮安的副站長說的話一樣。他們是都想試試自己的日文還能不能溝通，還是說我們就像在唱軍歌那樣？

彼此用日語交談，五官和體型又十分相似，大家看起來就像日本人，以致我產生了他們是陰錯陽差被留在台灣的錯覺。自從來到台灣，這樣的錯覺不時跟隨著我。

即便接近發車時刻，也沒有半個乘客現身，雖說是中午悠閒的離峰時段，但人也未免太少了。我問道東港線一直都像這樣沒什麼人嗎？或許因為被人家看到空蕩蕩的不太體面，站務員用有點強勢的口氣回答：

「沒有，早上都客滿喔！有很多從高雄來買蝦的人，這一帶家家戶戶都養蝦。你可以早上再來看看，車廂裡會塞滿蝦籠呢。」

回到鎮安，柴油機關車在前、七節車廂編成的屏東線列車氣勢萬鈞地駛入，準備在13點05分開往高雄。

不到兩個小時前，搭乘從枋寮發車的屏東線列車時，還讓我感覺像在搭地方線那般悠閒，但在往返東港線之後，屏東線現在看起來倒像重要幹線了。

往高雄的車廂內雖然沒什麼人，但相對於剛剛搭乘的列車車廂是四人座，這班列車的七節車廂則都是國鐵通勤電車型的長條椅和皮製吊環。在早上的尖峰時刻，沒有這樣的車廂是無法容納往高雄通勤和通學的乘客吧。高雄集中了過半數的十大建設計畫，如今人口有一百萬，被認為不久將發展為超越台北的大都市。

這班列車會在14點26分抵達高雄，雖然和通勤的尖峰時刻無關，但今天是星期日，每個車站都有人攜家帶眷或一群年輕人一起上車要去高雄，車廂內熱鬧不已。

鳳梨田和香蕉園連綿不絕，到了屏東幾乎客滿，沒有空的吊環了。

一過屏東，原本往北的列車轉往正西邊疾馳，渡過高屏溪上的長鐵橋，往高雄前進。嶄新的工廠取代了香蕉園，椰子樹變成了煙囪。接著準點14點26分，跑完這最後一條線的列車停靠在高雄站第三月台。

終章

高雄站人來人往。「自強號」、「莒光號」、「對號特快車」等依車種區分的售票口前排著長長的人龍，大概都是今天星期天要返回台北那邊的人吧。

只有「臥鋪票」的窗口半個客人也沒有，一位中年女職員坐在那兒，看來閒得發慌。我走向了那個售票口。台北到高雄間，從「自強號」到「普通車」，我分別搭乘了五種列車往返，現在只剩臥鋪列車還沒搭。

縱貫線的列車附掛臥鋪車的，只有23點00分從台北出發的79次，以及22點30分從高雄出發的78次，會各來回一趟。至於臥鋪則分成三種：「單層」、「雙層」和「三層」，為了給台灣鐵道旅行畫下完美句點，我在紙條上寫下了「單層」。

我聽說台灣的臥鋪車票是軍人優先購買，一般人很難入手，想要單人房更是難上加難，這樣的傳聞讓人聯想起戰爭時期的日本。但不知道是傳聞有誤，還是因為「自強號」出現加上高速公路開通，導致夜車的重要性降低，我簡簡單單就買到了「單層臥鋪票」。臥鋪票是兩百九十一元，到台北的車資則是兩百六十四元，換算成日幣，合計約三千五百圓。

我在炎熱的高雄市區吃吃喝喝散散步，打發了七個小時，然後在晚上十點回到了車站。月台洋溢著夜車醞釀出的特殊氛圍。

我所搭乘的22點30分出發、附掛臥鋪的「對號特快車」前頭是柴油機關車，有一節「單層車」、三節「雙層車」、兩節「三層車」，以及一節行李車、九節座席車，是共計十六節的長編成。進到「單層車」，我和穿著汗衫的男子點頭致意，他正是臥鋪的負責人員。

單人臥鋪在走道兩側上下並排，大概可以容納十八個人，但約莫半數沒有客人。可以瞥見看起來事業有成如商務人士般的紳士正在翻閱外文資料。

單人房的門是一扇粗獷的鐵板，內裝看來也有些窘迫，因為沒有冷氣，所以「電風扇」正運轉著，雖然當然無法和日本藍色列車[46]的單人房相比，但硬鋁製的洗臉檯和枕頭套倒是很乾淨。

然而這些都不打緊，我一躺下來隨即入睡，在臥鋪人員來叫醒我之前，渾然不省人事。

到台北大約晚了三十分鐘，在6點05分抵達。我把行李寄放在據說是最近設置的「自動存物箱」，到車站的餐廳吃早飯，然後站在台北站西側外圍的平交道看列車進出，也有貨車上載著通勤乘客的列車駛入。就在這段時間，炎熱的太陽也再次發威。

等到九點開館後，我去了一趟故宮博物館，欣賞隨同蔣介石被運到台灣的壺。雖然故宮的建築和展示品都很氣派，我卻因此覺得好像被招待到台灣的客廳。我就在那裡打發了一個上午。

想搭的路線和列車都一鼓作氣搭完了，但我回到台北站，再次搭上14點00分發車的「自強號」。那是我抵達台灣的那一天搭的第一班列車，從那天到現在，剛好過了一個禮拜。

我在桃園下了車，計程車司機隨即蜂擁上來。不知道是不是因為很習慣應付日本客人，車資貴得離譜，但我仍不得不搭計程車到機場。

航空公司的櫃檯前擠滿了日本團客。那裡已經不算是台灣了。

原本預定16點45分出發的中華航空008次晚了約一小時才從桃園國際機場起飛。往右邊大大地迴旋時，看得見下方的海岸線，白色波浪給海岸鑲了邊。看到這幅景象的瞬間，我的內心升起一股衝動，想要繼續留在這座島上，就算多個一兩天也好。

儘管人生地不熟，好幾個人的臉孔卻重疊在一起，喚起了我的回憶。明明是為了搭火車

46 此指日本國鐵時代車廂塗裝為藍色的臥鋪特快車。

才來的，但如今浮現腦海的，卻都是人們的面孔。

在機場往台北的巴士上問我「一個人嗎？」、拿著像鈴蘭的植物撫觸腋下的女性，今天是不是也來回搭著那輛巴士呢？現在在阿里山站前，吳鳳旅社那位親切的介紹人兼老闆想必正有點難為情地在站在一群迎接旅客的人後面吧？在台糖公司線北港站候車室吐出紫色痰、問我「今上天皇還活著嗎？」，並且懷念著小學老師、說他是「在支那事變中戰死的好老師」的香鋪大叔，今天是不是也放著店面不顧、跑到空蕩蕩的候車室去了呢？在基隆站補票時，那位長得很像大學教授的站務員，是不是仍舊在發行手寫的補價票呢？

就算覺得到了終點站隨即折返的我很奇怪，還是揮著手目送我離開的幾位東勢站的站務員；我說出「再見」時，像要糾正我那般說了「再會」、讓我一頭霧水的平溪線那位聰穎的年輕人；以及在台東騎摩托車載我的女生、會莫名故作姿態的洋洲大飯店的婦人，還有很多很多人。他們的臉一個個浮現在我面前。

中華航空的噴射客機朝著北方飛去。環繞著中央山地群山的積雨雲仍被陽光映照著，但人們居住的下方平原漸漸變得遙遠、低矮又模糊。

穿著旗袍的服務小姐發給我溼毛巾，但看一眼胸前的名牌，卻是位日本女性。我的旅程結束了。

再見，再會，台灣。
莎喲娜拉，台灣的人們。

（《野性時代》，一九八〇年九月號—十一月號）

後記

六月二日到九日這八天，我進行了一趟台灣鐵道旅行。由於不過是短暫地走馬看花，因此原本只打算寫篇簡單的遊記，哪知一動筆就沒完沒了。起初預計一口氣刊登在月刊《野性時代》九月號，最後卻一直刊登到了十一月號，給編輯部添了麻煩。雖然對我來說，或許是那麼一段充實的旅程，但要將僅僅八天的見聞集結成一冊，還是不禁令人汗顏。

出發前，承蒙齋藤雅男與德田耕一兩位提供關於台灣鐵道的諸多見解，不勝感激。

一九八〇年十一月

作者

台灣鐵路千百公里

我花了大約一個禮拜的時間在台灣旅行。

目標是搭遍台灣所有的鐵道。雖然號稱「所有」，但其實也僅有一千一百公里，不過是日本的二十分之一，因此一個星期就綽綽有餘了。

我一說要去台灣，很多人都對著我咧嘴一笑，表示他們去過了，是很棒的地方。台灣對男性旅客來說是「天堂」，這種說法雖然人盡皆知，我卻想不到這麼多人真的都去過台灣——據說一年有超過五十萬名日本人造訪台灣。

我從一年多前就不斷吹噓自己要去台灣搭火車，所以從很多人那裡聽說了台灣的事。其中大家都會提到的，就是在台灣講日語也能溝通，加上同是漢字圈的國家，所以不用擔心語言或文字不通。

確實是這樣沒錯，但也不盡然如此。

在台灣之所以能使用日語，是因為有在日本統治時代學會日語的老一輩，還有一部分是日本觀光客會去的高檔飯店和餐廳的服務人員，要是少了這些人，溝通還是會有問題。

我當時搭往台北的噴射客機上大約有一半是日本人。雖然如此，一抵達桃園機場，日本旅客就搭上旅行社準備的遊覽車或計程車，轉眼消失了蹤影。在我買了五十元（約三二〇圓）的車票搭上往市區的巴士時，周遭已經沒有半個日本人了。

不巧單人執勤的巴士司機不是會說日語的老一輩，我用片斷的中文表示想要在台北站附近下車，結果還是被載到市區郊外的終點站。身為鐵道迷，說出ㄔㄜ ㄓㄢˋ兩個字對方卻聽不懂，實在不妙。就像日語的「花朵」和「鼻子」那樣[47]，要是不能謹記抑揚頓挫，那就派不上用場。

無可奈何之下，我只好在紙上寫下「台北車站」，然後搭上計程車。

在台北站的售票口前，我也是用筆談買到了往高雄的車票。我搭過好幾回法國、德國和義大利的火車，但從來不曾用筆談買票。

我搭乘的是從台北開往高雄的特快車「自強號」。「自強號」是台灣鐵路局的招牌列車，和日本在來線一樣屬於窄軌，速度很快，到高雄的三百八十公里只要四個鐘頭。車廂也是日本的綠色車廂等級，而且車上有儀態出眾的「服務小姐」，還有提供溼毛巾和奉茶的服務。雖然確實是極為優雅的列車，但不知為何日本人到了國外好像越不想搭火車，我所搭乘的10號車廂上就看不到任何像是日本人的乘客。

隔天起，我雖然不斷搭地方線周遊各地，但原本就不太有日本人搭乘，所以講日語也沒人聽得懂。我都在紙片上寫下要前往的站名再交給售票口，要表達自己一個人搭車時，就必須豎起一根指頭。

假使台灣不是漢字國家，我恐怕無法如願買到票。

話雖如此，也不能因為同屬漢字圈就掉以輕心，畢竟有太多同字異義的詞彙了。比如中文的「汽車」是指我討厭的自動車，我所喜歡的汽車，中文則是「火車」；要是不小心說成「汽車車站」，就會被帶到客運站。此外「愛人」是配偶，「東西」是物品，「手紙」則是廁紙。

台灣同樣充斥著外來語，我猜沒有假名文字想必不方便。正因如此，他們才努力地用漢字來表音和表意，結果有的很牽強，有的倒很精準，相當有意思。電腦（computer）、双豐（stereo）、水泥（cement）、公寓（apartment）、三明治（sandwich）、佳麗寶

47 這兩個單字的日文發音都是「hana」，但放在句子裡重音則有所不同。

（Kanebo）、霍亂（cholera）等，觀察這樣的招牌或告示有種不一樣的樂趣。

雖然在台灣旅行時，語言比想像中更難相通，但在地方線的車站候車室等「火車」時，曾有人來問我「是不是日本人」，非常懷念似地向我搭話——是一位年過五十的人。也曾在自嘉義分歧的台糖公司鐵路終點北港站，被在車站前經營香鋪的缺齒（中文則是「牙」）大叔問道：「今上天皇還活著嗎？」

在靠近台灣南端的鎮安站月台上，身材壯碩的副站長上前對我說：「自從日本打敗仗之後，我就沒有再說過日語了。你聽得懂我的日語嗎？」我一說聽得懂，他便像水壩潰堤那樣一股腦兒地說起戰前的回憶。那裡彷彿保留了一座博物館，存在著逐漸被遺忘的「日本」。

鎮安的所在地比北回歸線再往南一些。當時是六月上旬，時刻則是正中午，因此太陽不偏不倚地位在頭頂上。副站長的影子和我的影子都縮在腳邊，電線桿的影子也彷彿被吸進去那般消失不見。

（《朝日新聞》，一九八〇年七月五日晚報，由〈台灣．時刻表千百公里〉改題）

台灣一周兩人三腳

1

睽違兩年半，我又可以去台灣了。

由於搭乘地方都市的中小型私鐵而相熟的《ALL讀物》編輯部的明圓一郎老弟久違來訪，當他邀約「要不要去哪裡走走呢？北海道或九州？」時，我第一時間並沒有想到台灣。

但在考慮行程之際，台灣卻被我列入了候選名單，畢竟費用相差不多。

這段期間我受邀免費去了很多地方旅行，不斷搭乘我最喜愛的火車，可說是讓人既羨慕又嫉妒的幸運兒。而且就算過程樂在其中，我也總是一副百無聊賴的樣子，搭乘國外的豪華列車時一臉無聊的照片就這樣刊登在雜誌上，這下更是不討喜了。

即便如此，也是有好的一面，就算是別人出的旅費，我也會盡量花在刀口上。簡單來說，就是不管自己或對方都會精打細算。

就在我站在這樣的角度估算後，發現去一趟北海道或九州的旅費也去得了台灣。儘管來回機票當然是台灣比較貴，但只要找一找，國際線也會有便宜票，以在當地的花費來說，則是台灣的物價比較便宜，所以四天三夜的費用算下來是差不多的。

何況去台灣的話，就可以搭乘「新台東線」了。

十二月十三日（昭和五十七年）出發當天，前往箱崎航廈[48]途中，我發現沒帶長褲的皮帶，之前和明圓老弟去新潟時我也忘了帶。或許是因為我的心情就像在國內旅遊那樣，一點都不緊張。

我和明圓老弟說了這件事，結果他說：

「我也忘了帶免洗筷。」

我在成田機場買了皮帶，明圓老弟則在小酒館要到了幾雙免洗筷。這些免洗筷之後就會派上用場。

預計18點05分出發的西北航空班機延遲了約一個半小時，等我們在陰雨綿綿中抵達台北的飯店時，已經是深夜十一點半。北台灣冬日多雨，據說跟日本的梅雨季沒兩樣。

從房間的冰箱裡拿出「臺灣啤酒」，我們喝了兩杯後便上床睡覺。

隔天十二月十四日，星期二，小雨。

機車的噪音與汽車的喇叭聲把我吵醒，昏昏沉沉的腦袋這才意識到自己身在台灣。

明明不過早上六點二十分，窗外下方車站前的馬路卻已是車水馬龍。只要有一點縫隙就往前鑽，台灣的駕駛風格比日本更亂來。

馬路對面有一幅巨大的電影看板，色彩繽紛地畫著半裸女性，片名則是《俏小妞》。

窗外也看得到「台北車站」，是像上野站前站的建築物。在風格粗獷的深藍色車體畫上了一道白線的機關車行駛在站內，還有奶黃色和橘色分別塗裝、帥氣的「莒光號」，我想今天搭的應該就是這個。

早餐提供的自助吧有琳瑯滿目的水果，用完餐後，我們前往位在中山北路的東南旅行社，購買在日本就已經預約好的往台東的「莒光號」對號座車票。

「台灣鐵路局　莒光特快　台北站至台東站　限當日當次車有效　435元」

48 位於東京都內，當年可提供市區預先辦理成田機場的登機、行李托運手續。

車票上是用活版印製黑色的黑體舊字體，就像拿到了戰前日本的車票，背面則用原子筆寫上了列車名、發車時刻、車廂編號、座位號碼等，連同在花蓮轉乘的列車座位都寫了上去，密密麻麻的。

現在的匯率是新台幣一元兌換日幣六圓七十錢，所以四百三十五元相當於兩千九百圓。台北到台東有三百六十公里，「莒光號」是跟日本的綠色車廂編成幾乎一模一樣的特快車，如果搭的是日本國鐵，要花上一萬三千圓。

台灣鐵路局的主要幹線是基隆、台北到高雄之間的縱貫線，雙線電氣化後，時速一百二十公里的特快車便頻繁地行駛。但一來這個區間有和縱貫線平行的高速公路會運行高速客運，二來台北到高雄間的飛機航班又很多，所以火車的乘坐率並不高。

相對來說，我今天準備要搭的往東繞行的路線則很受歡迎，特別是像「莒光號」這樣的優等列車，似乎總是人滿為患。我兩年半前來的時候，只能買到「自願無座」的車票。

和有縱貫線運行的西部不一樣，東台灣高山險峻，多懸崖、少平地，交通不便。尤其東北部的蘇澳到花蓮間有一座又一座斷崖絕壁，長期以來阻絕了往台北方向的陸上交通。東台灣宛如陸上孤島，就連鐵道，也只有花蓮到台東間唯一一條軌距和輕便鐵道同樣是七六二公釐的「台東線」遺世獨立。正因如此，阿美族、卑南族等許多原住民族都定居在這裡，我上次搭乘台東線時，也看到好幾位膚色略黑、外表精悍的乘客。

這樣的東台灣，後來終於也有了從台北直通的列車，那就是一九七九年二月蘇澳到花蓮間開通的「北迴線」。這條新的幹線開通彷彿總算搔到了癢處，隨即成為台灣鐵路局各線中乘坐率最高的路線。儘管我上次已經搭過這條線，但當時正在進行一連串困難的隧道工程，車上也都客滿了。

北迴線的建設計畫，包括將軌道狹窄的台東線「拓寬」的工程，也就是將七六二公釐的軌距拓寬為一〇六七公釐，讓從台北方向駛來的列車可以直線駛入，藉此提高運輸能力。

不只是鐵道，還包括機場等其他項目在內，台灣的建設事業說要什麼時候完工，就會如期完工。強化國力、防範中國侵略，甚至想要收復大陸，或許是這樣的國家綱領讓國家建設事業更易於執行。

而這番心態也展現在為特快車命名的時候。以日本來說，很多列車會以鳥類或星體命名，也有像「踴子」這麼文弱的名字，但台灣既有「自強號」，還有「莒光號」。

「自強」是美國和中國恢復邦交、美軍第七艦隊自台灣海峽撤退之際所揭示的口號，表示不依賴別的國家；至於「莒光」則是指被燕國圍攻、城池一座座遭奪走的齊國，死守僅剩的莒州城，堅忍不屈，最終滅燕、收復失土的故事。

總之台東線的「拓寬工程」大致如同預定，在一九八二年六月完工，不只拓寬軌道，也變更了路線，將急轉彎修改為直線，而且聽說還在河底挖隧道。如今究竟變成什麼樣子了呢？讓人很想搭搭看。我再次造訪台灣，就是為了搭乘這條「新台東線」。

我們搭乘的是10點17分從台北出發的「莒光號」，這班列車的目的地雖然是花蓮，但抵達花蓮後會馬上轉乘往台東的「莒光號」。

離發車還有一點時間，我們又去看了一下當日對號座車票的售票口。往高雄方向的縱貫線窗口空無一人，但往花蓮、台東方向的窗口則排了長長的人龍，至於10點17分出發的「莒光號」對號座車票窗口則貼上了「售完」的紙條，現場排隊的都是「自願無座」搭乘下午列車的乘客吧。

在台灣把搭車的地方稱作「月台」，往花蓮、台東方向的列車是在第三月台發車。

往花蓮的「莒光號」編成威風凜凜，前頭是柴油機關車，接著是冷氣用的電源車，然後是等同綠色車廂的十二節客車，每三節車廂就有一名服務小姐站在入口，米色的套裝搭配白色襯衫，領口繫著像蝴蝶結的領結，頭上戴著和制服同樣顏色的小帽子，裙子兩側則有著淺淺的開衩。

服務小姐大部分都長得很標緻，服務態度也不像飛機上的空中小姐那樣冷冰冰，而是跟鐵道一樣踏實，感覺很不錯。這是我個人的看法。讓台灣的火車旅行平添幾分安詳與魅力的，也正是她們。

我推了推明圓老弟，讓他去跟服務小姐站在一起，拍了合照。對方笑容可掬地貼近，明圓老弟則當場僵住，動也不動。

我們的座位在3號車廂的「21」及「23」，以中間的走道為界，分為「單號」和「雙號」，因此21的旁邊就是23。即便是這樣的小事，每個國家也都有不同的做法。

一如「售完」的貼紙所示，座位全都坐滿了。

10點17分，「莒光號」宛如滑行般，準時從台北站的第三月台出發。

往東繞行的路線中，車窗外的景色千變萬化——但起初卻是一片慘澹。

首先是連綿的紅磚舊倉庫和工廠，還有很多傾斜漆黑的民宅。由於台北市周邊的新興住宅區是往西側開發，因此東側的新房子很少。

「總覺得陰沉沉的呢。」明圓老弟說道。

彷彿要打破他這番印象似地，裝設在天花板的喇叭流洩出營造氣氛的音樂。

大部分的乘客都是像上班族那樣的男性，每個都在看報。台灣的報紙採用的是黑色和紅色的雙色印刷，有點刺眼，印刷字體全都是漢字，也不像日本或中國的字體那樣經過簡化，仍舊使用「鐵」、「驛」這樣的字，所以版面看上去非常密。

行駛了約二十五分鐘後，列車停靠在八堵。和發車時不同，停車時鏘地一聲像是撞上什麼東西那樣粗暴。這裡是往基隆的轉乘站。

從八堵開始是單線行駛，速度慢了下來。接著行經一段礦區，在黑漆漆的山谷間彎來繞去。外頭下著小雨，景色更顯陰鬱。

走道上的喧囂和窗外的風景形成了對照。

帽子上有一圈芥末色帶子的車長來查票，穿著白領深藍色套裝的清潔婦也來了。車廂裡明明還不髒，她仍舊仔細地把紙屑撿起來放入塑膠袋。抱著便當的男性銷售員也高聲經過，還有同樣拿著三、四個便當的服務小姐走過。便當看起來只有一種口味。

兩人一組的女性銷售員推著推車前來。口渴的我買了紙盒裝的「香吉士汁」，也就是Sunkist Juice。只不過叫住推車之後，乘客的壓力就大了。她們會非常積極地推銷，怎麼也不肯罷休，一一把豬肉乾、瓜子、牛奶糖等拿起來舉到客人眼前介紹。叫住一次推車，可得搖頭拒絕十次左右。

過了漆黑的礦區，穿過略長的隧道，便是一片梯田。

「跟日本很像呢。」

明圓老弟這麼說，也確實如此。

然而，11點33分通過福隆時，「莒光號」行駛的路線從往東變成往南，海岸突然映現在眼前，車窗外的景色也隨之一變。

自台灣最東邊的三貂角往蘇澳畫了個弧，是一道和緩的海岸，幾乎沒有人煙，漂流木埋在白沙的沙灘上。雨停了，明明是倚著群山的明亮海岸，卻顯得寒冷蕭瑟，有如北海道的鄂霍次克海岸。

沿著荒涼的海岸行駛了四十分鐘左右，景色再次變化，宜蘭平原在眼前豁然開朗。這裡是東台灣的穀倉，水田廣布，椰子樹分散各處，水邊還有成群的鴨子。映入剛剛目睹漆黑谷地與貧瘠海岸的我們眼中，簡直是另一個世界。

這座平原的中心是宜蘭和羅東，兩者間有蘭陽溪上的長鐵橋相接。台灣的河川都是自三千公尺級的高山急促地奔流而下來到平原，水勢凶猛，形成了廣闊的河灘，因此鐵橋通常都很長。

羅東是蘭陽溪流域的木材集散地，有粗到讓人驚嘆的圓材堆放在車站。

明圓老弟在羅東站買了火車便當，我則買了三明治。

火車便當的包裝紙上寫著大大的「便當」兩字，下排則有「衛生可口」、「滋養豐富」的小字。餐盒裡鋪著白飯，上面放了火腿、炸魚、切片水煮蛋、炒豬肉、炒青菜等菜色，但壓得很緊實，各種菜汁都混在一起，滲入了米飯裡。售價是四十元（二七〇圓）。

「味道怎麼樣？」

「嗯，哎，還可以吧。」

明圓老弟嘰著嘴咀嚼著，怎麼看都不像是吃到美食的樣子。

駛離宜蘭平原，再過不久就會到之前的終點站蘇澳，但一九七九年開通的新線卻自前一站蘇澳新站向南分歧，深入群山。

從這裡延伸到花蓮的，是以比富士山更高、標高三千九百五十公尺的玉山為主峰的台灣山脈，急速沉降入海的險峻山地有一座座隧道與鐵橋。據說隧道有三十四座、鐵橋則有五十四座。

從悠閒的宜蘭平原駛入這個區間，新鑿的山路、隧道與鐵橋交錯，簡直令人目不暇給。有時候一出隧道隨即穿過湍急的河流，接著馬上又駛入隧道。

長一點的鐵橋橋頭和隧道入口必定會有漆上迷彩的哨兵所，戴鋼盔的士兵持槍站立，也有朝列車「舉槍致敬」的，每個青年看來都是菁英。

「在台灣，成年後好像都得服兩年兵役喔。」

「哎呀，真不好意思。」

明圓老弟巧妙地轉移了話題。

哨兵所掛著某種標語，我經常看到的是「在莒勿忘毋」[49]。

窗外的風景雖然讓人想一鏡到底拍下來，但在鐵橋和隧道是禁止拍攝的。

車廂角落還有下面這樣的告示，我記了下來。

「檢舉匪諜

檢舉信箱

檢舉電話

49 應為「毋忘在莒」。

祕密嚴守
破案獎金」
應該是發現間諜就要通報、會發給獎金的意思。
「莒光號」掠過年輕士兵站崗的哨兵所，駛入隧道，又越過鐵橋。在鐵橋上往右看，岩石肌理盡露的險峻山壁消失在雲端。在這個區間眺望的景色是立體的，比起「橫向」，更多的是「縱向」。
列車駛入了長長的隧道，是全長七千七百五十七公尺的觀音隧道。穿過這座隧道，應該就快到和平溪的鐵橋了。
「接著要過一條很不得了的河喔。」
我提醒明圓老弟。身為前輩，我雖然不想說出一些不懂裝懂或先入為主的話，但終究還是脫口而出。
和平溪是我上次來台灣旅行時印象最深的一條河。沿台灣的山脈而下，最後出海前形成了鐵軌橫穿而過的典型沖積扇，然而河灘就像撒上幾千幾萬人的白骨那樣凌亂散布著大理石，景象極其詭譎，這大概是長年氾濫的河流原始的姿態吧。我感覺就像見證了大自然最冷酷無情的一面。

「莒光號」開始越過和平溪。這片荒涼廣闊的沖積扇既沒有堤防也沒有主流，不知道究竟從哪裡才算是河川。

白色大理石遍布。那時，和平溪確確實實觸動了我的內心，但我想「第一次」和「第二次」的感受會不一樣。在沒有任何期待的情況下見到絕美的景色，價值一百的東西也會變成一百二或一百五。第一次的印象是如此，但第二次時，因為有了上一次超水準的印象，所以會產生落差，也就不會是這樣了。由於容易受到當時的天候和旅人的心情左右，因此不能一概而論，但大抵如此。

明圓老弟被我提醒後拚命往外看，我則因為和上一回的印象有所差距而心浮氣躁。

2

在險峻的山路行駛了約一個半小時，總算從接二連三的隧道解放，渡過立霧溪又長又寬的鐵橋後，海岸隨即出現些許平地，「莒光號」準時在15點00分抵達寬廣簇新的花蓮站。這是伴隨新線開通同步在郊區興建的車站，站前廣場雖然很氣派，但周遭的建築物還很少。

車站西側矗立著深邃的藍黑色山脈，這些山是由大理石構成的，剛才跨過的立霧溪上游便是廣為人知的大理石峽谷——太魯閣峽谷。

花蓮人口有十五萬，是東部最大的城市，也是大理石和木材的集散地，實際上更是急速發展的觀光據點，還蓋了噴射客機可以起降的機場。

雖然我也想讓明圓老弟見識見識太魯閣峽谷，但這一趟是以「新台東線」為主的四天三夜環台之旅，行程非常緊湊，所以只能割愛，過觀光都市花蓮而不入。

對向月台15點15分發車往台東的「莒光號」正等著，是經改良後行駛新台東線的列車。車廂則是和我們從台北搭過來的一樣是「綠色車廂」，但編成很短，只有四節。

兩年半前造訪台灣時，我當然也搭乘了台東線。「光華號」這列柴油特快車在軌距僅只七六二公釐、近似輕便鐵道的單薄軌道上，不時以八十公里的時速高速狂飆，我當下雖然膽顫心驚，但後來回頭想想，卻要算是我遇過最有意思的鐵道了。

我搭乘的時候由於正在進行「拓寬工程」，到處都是減速慢行的區間，晚了三十分鐘才到台東，但根據時刻表，花蓮到台東間一百七十．四公里應該三小時三十二分就可以跑完。以軌距七六二公釐的鐵道來說，堪稱相當驚人的高速行駛。

相對於此，我接下來要搭的「莒光號」抵達台東的時間是18點15分，不多不少三個鐘頭。軌距從七六二公釐拓寬為一〇六七公釐，急轉彎區間的路線也變更了，距離明明縮短了整整十公里，時間卻只少了三十分鐘，實在不夠。但據說這是因為部分區間路基不穩且鐵軌替換工程尚未完工，否則都會縮減到兩小時左右。

但我也並非不覺得之前的耐心等待是值得的，畢竟鐵道之旅的樂趣不是與速度呈正比。

15點15分自花蓮出發往台東的「莒光號」車內坐得滿滿的，我們的「1車17號、19號」座位周圍是一群高中生，既熱鬧又吵雜，還坐到了我們的位子。

一來語言不通，二來他們好像真的以為那是自己的座位，所以情況有點棘手，結果帶隊的女老師檢查了學生的車票後，才發現他們坐到了別人的位子。

「對不起。」

她用日語說道，很有禮貌地低著頭，態度讓人感到很受用。我們趁機交流，明圓老弟更是參雜著片斷的日語及英語和女老師交談。

和上次一樣，在車上會看到身材矮小、長相精悍的乘客。他們的輪廓比中國那邊來的人更深邃，也有幾名高中生是這樣，想必是被稱為「山地同胞」的原住民族。

15點15分，柴油機關車鳴笛，自花蓮發車。

看向左邊窗外，細長的礫石帶從左側靠近，被吸進「莒光號」下方。這是通過花蓮市中心到達花蓮港的舊線軌跡，鐵軌早就已經撤除。

「莒光號」以約莫八十公里的時速駛入水田地帶，混入大理石、眩目刺眼的白色道碴自窗下流瀉而過。沿途平穩舒適，就算同樣是時速八十公里，「光華號」卻劇烈搖晃到連架上的行李都會掉下來，現在這班列車則順暢地奔馳著。

儘管如此，窗外的風景卻不曾改變。上次是在六月，這次則是十二月，在日本的話季節正好相反，但在橫跨北回歸線的台灣，夏天和冬天的氣溫不過也就差個十度左右。花蓮十二月的平均氣溫是十八・六度，和大阪的五月雷同。

農夫拉水牛犁田，稻子剛剛吐穗，有剛插完秧的水田，還有像散落的白球似的成群鴨子。之前我只注意到原本一片翠綠的甘蔗田變成了茶褐色這種事。

列車通過了第一個停靠站壽豐，應該馬上就要進入堪稱台東線現代化工程最精彩的「溪口河底隧道」了。

這一帶的地形我兩年半前搭車時可是睜大了眼看得非常仔細，因此記得很清楚。

鑿刻台灣山脈為深谷流洩而下的河川，在平地被解放後突然變得凶猛無比。當沖刷下來的泥沙使河床變高，水就會往低處氾濫，結果就是形成沖積扇。對於打算橫越的鐵道來說，沖積扇是很棘手的地形，要①架設長鐵橋、②在河底開挖長隧道，或是③在扇釘處之前迂迴向上繞行再渡過短鐵橋，非得在這些選項中擇一不可。

技術上容易達成又不用花太多錢的是③，像舊台東線就是用迂迴的方式興建而成。不過為了配合上坡設計折返式路線等，也成為提高運輸能力的瓶頸，所以才趁這次進行拓寬工程，將路徑從③變更為②，不禁令人感受到政府開發東台灣這個落後地區所投注的熱情。

正緊張之際，視線被一片白色的牆壁遮住，「莒光號」駛入了鑿開的路徑，接著一片漆黑，想必我們已經身在「溪口河底隧道」了。

話雖如此，所謂的隧道，在進入之前往往讓人非常期待，一旦駛入卻無聊透頂。

上次過了溪口站是呈曲線往右彎、沿著折扇的線攀爬，在扇釘的地方左轉渡過鐵橋，再沿著另一側的邊緣往下。散布著大理石的河灘景觀，美不勝收。

然而這回卻只行經鑿開的路塹與隧道，什麼也看不到。

15點51分，抵達鳳林。身為台東線的大站，簇新的車站建築是大理石牆，月台也鑲著大理石碎片。這一帶由於鑿開山脈就可以開採到大理石，所以大理石就和碎石子沒兩樣，但在我們看來實在是奢侈的行為。

下一個停靠站是光復。上次來的時候有一個小小的木造機關庫，裡頭並排停放著七六二公釐用的小巧蒸汽機關車和貨車。整修工程結束後還不到半年，機關庫應該還留著，宛如小汽車的蒸汽機關車或許也還在。

列車靠近光復後，我便告訴了明圓老弟這件事，再次要他留意。

然而別說什麼像小汽車的蒸汽機關車，就連機關庫也不見蹤影。如果是日本國鐵，不再使用的設備通常就置之不理。無人的車站建築荒廢變成了鬼屋，也不會特地去拆除；玻璃窗破掉的紅磚舊變電所也任其自生自滅，沒錢也沒必要去拆遷，但對像我這樣的旅客來說，這番車窗風景往往既讓人樂在其中，又有幾分惆悵。

新台東線卻不是這樣。雖然留心注意窗外，卻只看見架設後廢棄的橋墩或部分舊路基。派不上用場的東西就盡速撤除，或許這樣才是對的吧，台灣鐵路局這一點做得很確實。雖然值得仿效，但現代化的新台東線有些乏味，讓人更加懷念舊台東線了。

16點10分左右，橫越北回歸線，從這裡開始就是「熱帶」了。

姑且不論是不是變得像熱帶，隨著離花蓮和台北越來越遠，車窗外的風景也為之一變。水牛在水窪裡打滾，濡溼了碩大的背部與臀部。有成排的椰子樹與檳榔樹，民宅的門面看來很簡陋，屋簷也變低了。

過了下午五點，太陽好像要下山了。即便是十二月，照我的估算，到六點左右天應該都還亮著，結果卻意外地很早就天黑了。是因為正西邊有台灣高山峰峰相連，所以日落得比較快嗎？

看得見的，只剩下山巒的稜線和椰子樹的輪廓，然而過沒多久，四下也陷入黑暗。沿線的燈火少之又少。

18點15分，準時抵達台東。

將台北、台中、台南、台東並列來看，就可以明白台東是台灣的主要都市之一。但以人口來說，台北有兩百萬、台中有五十五萬、台南有五十三萬，台東卻只有一萬，日本觀光客來台灣也不會去到台東。

我們今天晚上雖然要住在台東，但還沒有訂飯店。

站前廣場相對人口來說實在很寬敞，中央有圓形的噴水池，孫文銅像則面朝市街矗立著。廣場右側是客運站，左手邊則是四層樓的「興東園大飯店」，看起來很像日本小型都市的商務飯店，但或許已是台東一等一的飯店。雖然我只是兩年半前來過，但一切看來都很眼熟，令人懷念。明明是兩年半前的事，我卻好像半年前剛來過那樣。

我上次投宿的是「洋洲大飯店」而非興東園大飯店，因為當時日本的旅遊書裡關於台東市區的住宿地點只介紹了洋洲大飯店。

那是一家不得了的「大飯店」。有個邋遢的婦人坐在看起來像「櫃檯」的地方吃龍眼，桌上有一隻貓，也啃著魚乾。二樓的房間沒有窗戶，狹窄的空間幾乎被雙人床給佔據了，而且婦人還會問：「你要不要、叫小姐？」一副故作姿態、自我推銷的樣子。離開前她對我說的那句「要再來啊」，我也還記得。

雖然並不會想再住一次，但我們還是往洋洲大飯店的方向走去。畢竟多少有些懷念，也想看看那位婦人是不是健在。

從站前直線延伸的大馬路很寬，車子不多，但後面有一條市場和商店林立的街道，走個五、六分鐘應該就會到洋洲大飯店。

這條路洋溢著鄉村氣息，以為是賣竹竿的店，結果是賣甘蔗的；桶子裡有黑色的東西攢動著，上前一看，原來是密密麻麻的鰻魚；還有店面掛著豬頭的；但最引人注目的仍然是水果行。各種不知名的熱帶水果隨意地堆放，色彩繽紛，琳瑯滿目，讓人忍不住想要每一種都試吃看看。

我們來到「洋洲大飯店」前，不知道是改建過還是我記得不是很清楚，看上去比上次氣派得多。

我在大門前猶豫不決。要是那位婦人記得我，對我說「你總算來了」之類的話，我們說不定就會住下來了。

站櫃檯的女性注意到我們兩個，與沖沖地走出了櫃檯——顯然是別人。

我們於是回到車站前。

與東園大飯店的櫃檯比起建築來說陽春許多，和洋洲大飯店沒什麼兩樣，有個中年女性獨自坐在那裡發呆。但我們一站到櫃檯前，便有三名女子不知道從哪裡冒出來，隨即把我們團團圍住。其中一個長得特別好看，其他兩個就還好。

支付了一個人四百二十元（約二八〇〇圓）的房費後，等著拿「306」和「307」的鑰匙。

幾個女孩子伸手從鑰匙箱裡取出鑰匙，向我們出示房間號碼，像是在說這就是我們的房間，看了看，是「305」和「308」。真是讓人摸不清楚這個作業方式是怎麼回事，但總之是雙面夾擊。而且拿著鑰匙的還是比較不漂亮的那兩位。

房間倒還不錯。有浴缸，也有窗戶，窗外還看得到台東站。

我們到附近的「大王餐廳」吃晚餐，邊喝紹興酒。菜色又辣又油，沒能全部吃完，但翻炒米飯做成的「炒飯」很好吃。

我們接著逛了夜間攤販，大概在九點半回到了大飯店。

兩個人都睡眠不足，加上明天一早就要動身，所以已經打算要睡了。

我關上房間的燈，躺了下來。

外面隨即傳來一陣敲門聲。

我蓋上毯子屏氣凝神，結果那人又敲了敲。

接著，換成隔壁房間傳出敲門聲。我興致勃勃地觀望事情的發展，結果也是靜悄悄的，一點動靜也沒有。明圓老弟似乎也屏住了呼吸。不過後來究竟怎麼樣，我就不清楚了。

3

十二月十五日，星期三，晴。

我們在六點半離開飯店，去逛市場。由於台東是港都，海鮮種類很豐富。這裡沒有像日本的市場那種標示價位的牌子或紙片，賣多少錢就看你怎麼殺價了。

我們並沒有要買東西，所以價錢無所謂，倒是看到了沒見過的奇特魚蝦，還有色彩鮮豔到有幾分詭異的生「龍蝦」。

市場裡還有餐飲店，擺了幾張椅子便做起生意，大鍋正冒著熱氣。我們坐下來吃了粥和煎蛋，還喝了熱騰騰的豬肉湯，兩個人總共花了八十元（五三〇圓）。

「真便宜啊，結果最便宜的東西最好吃。」

「今天晚上要吃台中的路邊攤喔。」

來台灣旅行的樂趣之一，大概就是晚上在路邊買東西邊走邊吃，台中的柳川西路尤其聞名，我們今晚就打算在台中過夜。

到了站前的客運站，等都不用等，目的地標示著「往高雄」的大型巴士便開了進來，車身上寫著「台灣汽車[50]客運公司」。中文的「汽車」指的是巴士，我喜歡的那種行駛在鐵軌上的則是「火車」。

這輛巴士是7點40分開往高雄的特快車「中興號」，到高雄約一百八十公里跑三小時四十分鐘，是有冷氣的豪華全車對號座，我們的座位是「19」跟「20」。

台灣南部沒有連結東西側的鐵道。雖然從高雄往南延伸的屏東線和與台東接軌的「南迴線」正在施工，但此時此刻如果要環島，在這個區間就只能靠巴士。

正因如此，我們才不得不搭巴士前往，但這是很厲害的高速巴士，從台東到高雄約一百八十公里，全程駛完只要三小時四十分鐘。

這輛巴士行駛的並非高速公路。前半段是彷彿懸崖峭壁、險象環生的馬路，接著則是左彎右拐的山路，中途休息了兩次各十分鐘。一旦駛入有百萬人口的高雄市區，大概就會開始塞車，所以平均一小時行駛五十公里。在日本，一般道路的路線巴士會限制時速在一小時三十公里，頂多四十公里。

由於「中興號」是豪華特快車，車資比其他巴士來得高，到高雄要一百六十八元（一一二〇圓）。畢竟速度不一樣，所以無法單純用物價來比較，但搭乘一百八十公里只要一千圓出頭，對我們這些日本人來說實在便宜得不得了。

「好便宜啊。別人幫我出旅費，我還一直嚷嚷著便宜，真的很失禮，但實在太便宜了。」我說。

「請直說沒關係，不用客氣。」

明圓老弟苦笑著說。事實上，我已經記不得自己今天到底說了幾次「便宜」。

水牛浸在水裡，鴨子成群，我們從悠閒的台東平原一路往南。

兩旁有椰子樹與檳榔樹，沒有鋪柏油的馬路不算寬敞，「中興號」就在這樣的路上馳騁，遇到對向來車也絲毫不減速。就算跟火車很像，但畢竟是巴士，還是讓人膽顫心驚。車子是明圓老弟拿手的領域，於是我問他這時速差不多幾公里，他說「大概七十公里吧」。

過了大約十五分鐘，駛離了平原，左邊窗外是一望無際的海洋。崖邊的道路彎彎曲曲，海角與小型聚落交相映現。繞過海角時，可以看到下一座懸崖中央的路，我想或許會開上那一條路吧。

即使如此，「中興號」仍疾馳著。我們忐忑不安地俯瞰著藍綠色的南方大海。

50 即「汽車」。

一個多小時後，抵達了規模較大的聚落大武，停車十分鐘。這裡離台灣最南端的鵝鑾鼻僅僅四十公里。

在大武告別了海洋，越過台灣山脈的末稜，窗外的景色一變，彎來繞去地攀登深綠色的樹林帶。有很多像是紅楠的樹，大概因為是強風地帶，隨著高度越來越高，樹木也匍匐般覆蓋了整個山表。

攀爬而上又下降後，台灣海峽出現在眼前，9點55分，抵達位在海邊的楓港，同樣停車十分鐘。這裡有許多商店和攤販，齊聲對著從巴士下車的乘客叫賣。巴士站牌附近飄散著烤肉味。

從楓港沿著海岸往北行駛。幹道是四線道，有時是六線道，左側有碧藍的海洋，右側有椰子樹和連綿徐緩的山丘，「中興號」逐漸加快速度。

把山巒拋在腦後，駛近高屏溪河口所開闢的三角洲，到處是螃蟹養殖池。聽說這一帶也有人養蛇。

駛過架設在高屏溪上長長的收費高架橋後，放眼望去，兩側都是鳳梨田。遠方煙囪林立，不久就會抵達高雄了。

高雄的人口有一百萬，雖然只有台北的一半，卻是台灣首屈一指的工業都市，甚至有人認為不久後就會超越台北。

「中興號」抵達大型工廠和火力發電廠並立的高雄郊區，時間是10點50分。由於表定是11點20分抵達高雄站，我正想著看樣子會提早二十分鐘到，結果就慢慢開始塞車了，最後到車站前還晚了五分鐘，是11點25分。

我們先去車站買13點00分發車的「自強號」對號座車票。畢竟是大車站，所以有好幾個對號座車票的售票口，分成「今天」、「明天」和「後天」。我上次來的時候還有「臥鋪票」的窗口，大概是因為很少人利用，所以今天沒看到。

在車站前的飯店吃完午餐咖哩飯，我們搭上了13點00分的「自強號」。

我們的對號座在先頭車，這實在是一則以喜，一則以憂。「喜」的是「自強號」是電車，對想站在駕駛座後面眺望前方的人來說再合適不過，「憂」的是「自強號」動輒發生平交道事故。

縱貫線沿線人口稠密，所以平交道很多，其中也有設備不完善、沒有遮斷機的，會有一些不像話的司機擅闖，「自強號」則以時速一百二十公里高速衝向前，約一年半前曾在堤防的平交道和卡車對撞，前面三節車廂墜落河床，導致多人傷亡，鐵路局局長也因為這起事故下台。

不過就算擔心這種事也沒用，所以我還是去站在駕駛座後面眺望前方，幸好沒有像日本國鐵那樣蓋一塊黑布。

這時，我注意到呈閃電狀Z字型的電車線，在日本架設的都是一直線。雖然是承包電氣化工程的英國的做法，但這樣一來集電弓的滑板就會更堅固耐用了。

「自強號」接二連三地掠過平交道，越過哨兵站崗的鐵橋，在15點16分平安抵達台中。我們在美食家耳熟能詳的柳川西路攤販放膽吃了一次「青蛙」。這是因為文藝春秋出版社有名的老饕內藤厚先生推薦我來台灣一定要嘗嘗炸青蛙，吩咐明圓老弟帶免洗筷來的人也是他。

台灣的青蛙非常小隻，就像把蛙掌藏起來似地，肚子被剖開擺在攤位上。

點餐後，在後面的座位落坐，我們一邊喝著紹興酒鼓舞士氣一邊等待，餐點隨即送了上來。一看，明圓老弟明明比手劃腳點了炸的，送上來的卻是煮的。

因為已經被切塊，所以不是原本整隻活生生的樣子，但外皮有斑點，還有頭有肚子，仍看得出是青蛙。

儘管賣相不佳，但礙於語言不通，要解釋我們點的不是這個而是炸的也很麻煩，索性將就著吃了。

這時明圓老弟帶來的免洗筷便派上了用場。

要是用骨瓷筷或漆筷，就會滑溜溜的不好夾油膩的食物，尤其要分開青蛙的皮跟肉時，還是日本的免洗筷最方便。

青蛙的味道很清淡，有種彈跳動物般的彈性。

雖說如此，吃完還是得清清口。於是我們去買了七、八種不知名的水果各一，回飯店分著吃。

（《ALL讀物》，一九八三年五月號）

台灣一周，全線開通

那已經是十一年前的昭和五十八年（一九八三）的事了。我和本刊（《ALL讀物》）編輯部的明圓一郎老弟搭火車繞了台灣一圈，後來我就寫了〈台灣一周兩人三腳〉這篇文章。（收錄在拙著《椰子嬉笑，火車快飛》，文春文庫）

只不過當時台灣南部的鐵道還未接軌，我們從台東到高雄是搭巴士。而大約兩年前，那個區間開通了鐵道，也就是「南迴線」。

所以我要再次和明圓老弟一起環台。路線和上次一樣是順時針方向，也決定同樣在台北、台東、台中過夜。之所以安排相同的行程，是考量到可以藉此比較台灣（中華民國台灣省）這十幾年來的變遷。

台灣的GNP在近十年來成長了二．八倍，據說成長率是全世界最高的，所以我想一探究竟。

除此之外，台灣與中國之間緊張的軍事關係也因為世界局勢的變化而趨緩，一九八七年七月「解除戒嚴令」，便象徵著這樣的局勢。沉浸在和平中、沒有義務服兵役的日本人或許難以理解，但台灣的和平所指為何，我也想親眼看看。

第一天（一九九四年二月二十日，星期天）

12點30分前往羽田機場，因為台灣和日本沒有邦交，所以中華航空起降不是在成田而是在羽田，這倒是很近很方便。

中華航空使用的小型航廈擠滿了台灣民眾。台灣的正月是農曆，所以二月四日是初一，接著又有相當於日本黃金週的「觀光週」[51]（二月十五日—二十一日），攜家帶眷的人很多，大概都是利用連假到日本觀光後回台的吧。

14點00分往台北的噴射客機坐得滿滿的，14點20分起飛。我把手錶轉慢一個鐘頭。

從羽田起飛三個小時，飛行高度開始下降，準備著陸，但雨雲籠罩著，什麼也看不到。

51 台灣於一九七七年將元宵節訂為觀光節，後又訂觀光節前後三天、共計七天為「觀光週」。

水滴自窗外橫流而過，好不容易在雲霧間瞧見水田和嶄新的工廠，就已經降落在中正機場（台北國際機場）的跑道了。「中正」是蔣介石的號。

睽違十一年的台北機場標示著太平門，讓人十分懷念，入境手續和海關檢查出乎意料地乾脆。上一次我可是整個包包被翻過來，報紙和雜誌都被沒收了，這次對方卻只看了一眼護照而已，還對我說：「你是來觀光的吧？請。」

明圓老弟在機場的台灣銀行把日幣兌換成「元」，目前一元約折合四圓，上一次是六．五圓左右，也就是日幣看漲，但當時的一美元大概是兩百三十日圓，這麼說來對美元則是「台幣升值」。

接著前往台北市區，上回有一大群拉客的計程車纏著我不放，這次卻安安靜靜，計程車整齊地並排著。

但不搭計程車也無妨。往台北的巴士車班很多，車資是八十五元（三四〇圓）。到台北有三十五公里，說起來很便宜。

巴士在細雨綿綿的高速公路上疾駛，有時是六線道，有時則是八線道。雖然鐵路的乘客被高速公路的客運搶走而陷入慘澹經營，但聽說近來由於塞車，所以乘客又轉而選擇鐵道。確實如此，來往的車輛很多——尤其是大卡車。無論好壞，都儼然「先進國家」的樣貌。

台灣鐵道路線圖（1994年）

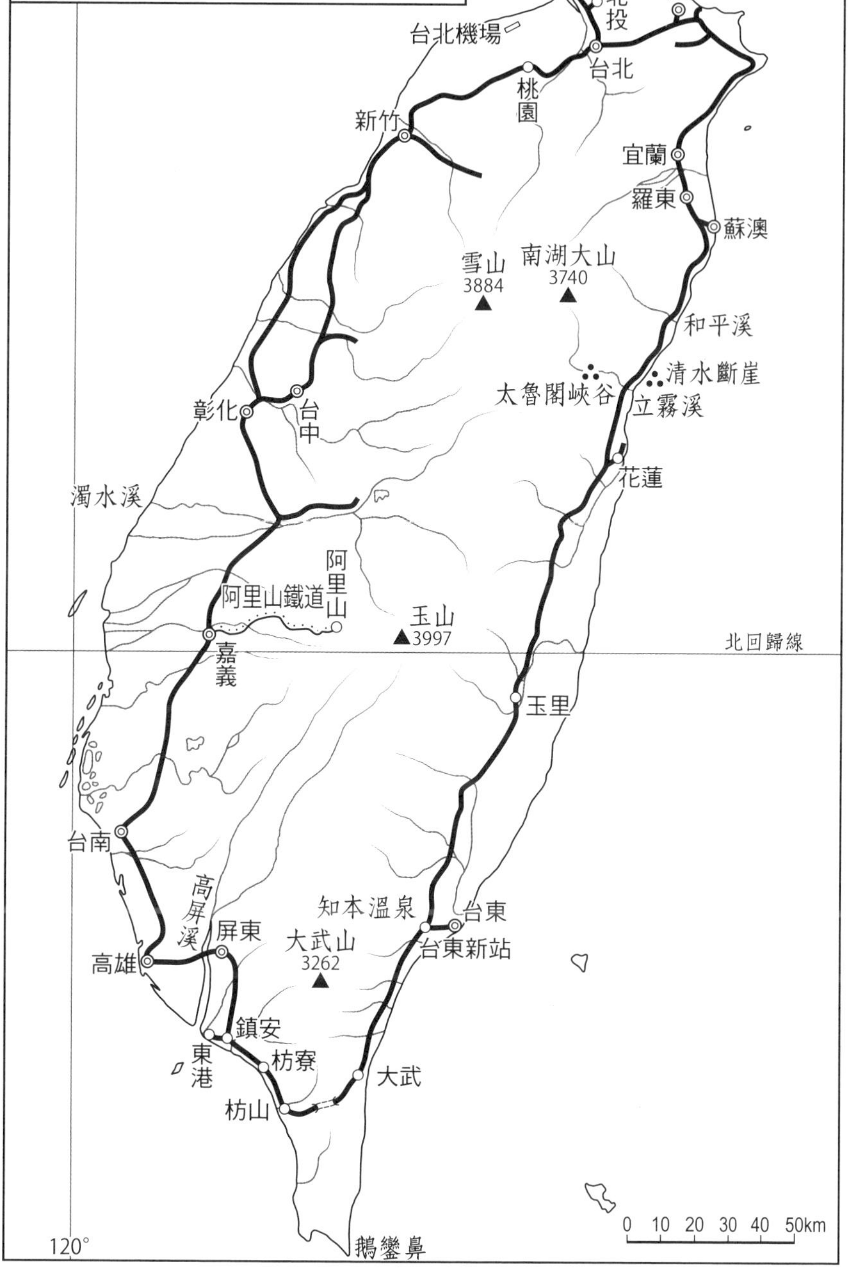

淡水
新北投
基隆
台北機場
台北
桃園
新竹
宜蘭
羅東
蘇澳
雪山
3884
南湖大山
3740
和平溪
清水斷崖
太魯閣峽谷
立霧溪
彰化
台中
花蓮
濁水溪
阿里山
阿里山鐵道
玉山
3997
北回歸線
嘉義
玉里
台南
高屏溪
屏東
高雄
知本溫泉
台東
台東新站
大武山
3262
鎮安
東港
枋寮
大武
枋山
鵝鑾鼻
120°
0 10 20 30 40 50km

新蓋的工廠逐一現身，高樓大廈或已完工，或興建中，不過大概是因為位在台北近郊，才會有這樣的建築熱潮。

三十幾分鐘後駛入台北市區，時間是傍晚六點半。如果在日本，天應該早就暗了，但在南國台灣卻還亮晃晃的。

馬路兩旁，小小的商店掛出了大型招牌，縱橫交疊，雜亂到幾乎沒有一點空隙。這一點和上次沒有兩樣。

巴士抵達了台北站。我們今天晚上要下榻在車站前的希爾頓大飯店。雖然很奢侈，但我上一次也住在這裡，地點就在車站前，很方便。

抵達台北後，首要之務就是購買明天的車票。向東繞行的路線是單線，所以班次很少，由於交通不便，所以鐵道總是人滿為患。

我們撐著傘越過往車站的天橋。

台北車站竟然變得這麼氣派！這是由於和道路立體交叉而伴隨鐵路地下化新蓋的車站建築，與其說是車站，不如說是大殿堂。外牆是大理石，令人眼花撩亂，內部則挑高六層樓直到天花板，抬頭往上看脖子都會痠。

我們前往對號座車票的售票口，窗口寫著「今天售完」，雖然也逐一列出了明天賣完的列車，但還好我們買到了8點40分開往花蓮的「自強號」對號座車票。

上一次，窗口還要翻閱簿子確認有沒有空位，再用寫的在票上登記座位號碼，這次則跟日本一樣採用電腦，一下子就印出了車票。

放下心中的大石後，接著便到商店買列車時刻表。台灣鐵道的總長度約一千一百公里，是日本的二十五分之一，可說短小輕薄。

和之前的時刻表相比，這次的紙質和印刷都進步了，封面內側還印有南迴線的風景照。而且最大的不同，是刪掉了書末的「空襲警報時旅客須知」。

「飛機臨頭不及躲避時，應即伏地，最好耳塞棉花或軟紙……」

之前會條列這些嚴肅的項目，但現在的時刻表則隻字未提。

步出車站，兩個人在夜晚的市區散步。密集興建的建築和雨天的水窪讓人舉步維艱，但年輕人則熱熱鬧鬧的。

他們的穿著改變了。上次穿戴像軍人或警官那樣的制服、制服帽的學生很引人注目，這回他們卻和日本的年輕人一樣，很多穿著牛仔褲，有的在吃霜淇淋，有的在遊戲機店玩樂。

第二天（二月二十一日，星期一）

昨晚的雨停了，今天天氣放晴，是很清朗的早晨。台灣的二月正值春天，飯店的自助式早餐供應了各式各樣的水果，都很好吃。

我們在八點走出飯店，經過往台北站的天橋。被車站吐出來的上班人潮往我們這邊湧了過來，他們的服裝與步伐和東京站或新宿站的人沒什麼兩樣。

走進車站大廳，電子看板顯示著列車的發車時刻和乘車月台，雖然絕大部分都是「準點」，但也有「晚10分」的。

搭上嶄新的電梯往地下樓層。月台共有四座（八條路線）。列車一進站，嵌在月台上的紅燈便會閃爍。由於柴油機關車也在這裡到發，地下月台感覺會充斥著尾氣的烏煙瘴氣，但卻沒有，看來換氣做得不錯。

我們要搭乘的往花蓮的「自強號」開進來了。

台灣鐵路局的列車根據速度、車內設備的差異，區分為四種，車資也和日本那種車票加特急券、再加綠色車廂券的算法不一樣，是根據不同車種各別制定。我記在下面，所需時間和車資是以台北到高雄（三七五・六公里）為準。

自強號　約四小時，全車對號座，配備坐臥兩用椅（和日本的綠色車廂一樣）。七百一十一元。

莒光號　約五小時三十分，全車對號座，配備坐臥兩用椅。五百七十二元。

復興號　約六小時，全車對號座。四百七十八元。

普通車（含快車）　約八小時（以快車來說），全車不對號。三百六十九元。

至於列車的名稱，「自強」是出自一九七一年台灣退出聯合國時的口號「莊敬自強，處變不驚」；「莒光」是出自齊國遭燕國圍攻時堅守僅剩的莒城，發憤圖強，最後打敗燕國、收復失土的故事。隨便舉一個列車名稱，都和日本的「踴子」這般文弱的名字截然不同，雖然上次我的感受很深，但「自強」和「莒光」的時代結束了，也算是可喜可賀。

總之我們搭乘的「自強號」台北到花蓮（一九五．九公里）的車資是三百七十一元（約一四八〇圓）。在這個區間要是搭乘日本的特急列車，普通車要價五千七百五十圓，綠色車廂則要七千八百七十圓。

雖然如此，台灣的鐵道也越來越精簡人力了。上次「自強號」、「莒光號」有服務小姐隨車，還會奉茶，現在都沒有了。「莒光號」原本會附掛餐車，如今也消失了，正步上和日本一樣服務品質低落的後塵。

柴聯「自強號」準時在8點40分從台北出發。十節編成的車廂坐得滿滿的，也有站在走道上「自願無座」的乘客。

台北東郊的天氣比昨天瞥見的西郊還要陰沉。台北的南邊與北邊都是山區，谷地則聚集了漆黑的舊民宅，儘管如此，與其相對的高樓大廈也一幢又一幢不斷興建。

過了往基隆的玄關八堵，清潔人員便拿著塑膠袋過來，是個年輕漂亮的女孩子。畢竟從台北發車才三十幾分鐘，其實還沒有垃圾。

穿著紅色制服的車廂銷售員也走了過來。上次是用高八度的聲音叫賣「便當」和「果汁」，還把推車上的商品一個個拿起來向乘客推銷，這次卻默不作聲地走過通道。是不是因為從抽成分紅制變成薪資制了呢？總之，這一點也變得跟日本很像。

「會想起那個時候的便當滋味。」一明圓老弟說。

他一臉難吃地咀嚼的樣子在腦海裡鮮明了起來，十一年的歲月一下子就過了。

開往花蓮的「自強號」在9點40分駛離東海岸，改朝南方前進。

今天天氣很好，左邊窗外的大海碧藍無際。這個連漁村都沒有的寂寥海岸，和上一回沒有什麼不同。我們總算體驗到了台灣的大自然。

過沒多久，便來到一望無際的宜蘭平原。台灣東部缺乏平原，唯有這裡例外。台灣的二月是插秧的季節，田間水面上，秧苗像胎毛般整齊劃一。河面上還有成群的鴨子，宛如白色的花瓣撒落。

眼前是靜謐的田野風光，但上次的印象已經模糊，我沒有把握能和這次相較，要說我比較能確定的事，那就是水田整頓為大區劃，水牛不見蹤影，出現的是耕耘機；鐵道沿線的省道交通量和修車廠增加了，還有輸電線的電塔林立。

10點07分抵達宜蘭，有空位了。

車廂內總算安靜了下來。

我的腰有點痛，於是打算去一趟洗手間順便在通道上走走。

通道的門開著沒關。要是列車經過轉轍器時猛然左右搖晃，人就可能會被拋出車外。日本火車只要門沒有完全關上就無法發車，希望那些以為這樣是理所當然的人多加留意。不只是台灣的火車，歐美等鐵道先進國家也經常這樣。

越過蘭陽溪上的長鐵橋，隨即來到宜蘭平原的盡頭，看著近在眼前的山腳下巨大的水泥工廠，列車行經蘇澳新站，有一列載著石灰岩的貨車。從這裡到花蓮都是石灰岩的產地，而且地勢險峻。

從蘇澳新站往下是一九八七年[52]開通的路線。有了這條線，東台灣這個過去的陸上孤島才有了鐵路和台北接軌。

隧道連綿不斷。彼此間則有短鐵橋，河水像瀑布般奔流。

略長的隧道入口有哨兵所。上次來的時候還有持槍的士兵站崗，現在沒有了。

明圓老弟把臉貼近窗戶，看著外面的樣子說道：

「標語都不見了呢。」

確實如此。上回「愛國、團結、自強、奮進」的看板多得不得了，現在卻都消失無蹤。車廂內「檢舉匪諜……」這些呼籲民眾檢舉間諜的告示不見了，取而代之的是「汽水」之類的廣告。

橫越和平溪，行駛在散布著白色石灰岩的荒涼沖積扇，山巒深處雲霧繚繞。儘管眼前是像上次那種大自然水墨畫一般的景致，但河床經過整頓，鋪設了給水管，大概也會栽種新鮮蔬菜吧。

列車穿過一座又一座隧道，總算來到平地。一回頭就能看見清水斷崖，一座直到鐵道開通前都讓巴士乘客膽顫心驚的斷崖。

接著越過立霧溪。這條河的上游是以「大理石峽谷」聞名的太魯閣峽谷。那是一座非常壯觀的峽谷，我第一次到台灣時曾去造訪。雖然很想再去一次，也想讓明圓老弟親眼瞧瞧，偏偏上次和這次都早就決定只搭火車環台而不觀光。

11點29分準時抵達花蓮。車站離市中心有一點遠，所以站前空蕩蕩的。

當務之急是買到開往今天的目的地台東的莒光號對號座車票。雖然已經有台北直達台東的自強號和莒光號，不用在花蓮轉乘，明圓老弟卻提議：

「我想每一種列車都搭搭看呢，要不要在花蓮搭莒光號？」

我也贊同了。

儘管我們已經做好「自願無座」的心理準備，所幸還是買到了12點55分開往台東的對號座車票。

花蓮站前，團客正在領隊的指引下搭上遊覽車。坐擁太魯閣峽谷的花蓮，如今已是一等

52 應為一九八〇年。

一的觀光勝地。

我們在車站前的廉價餐飲店果腹，最貴的「總匯三明治」也只要三十元（一二〇圓），屬於三明治中比較高級的一款。分量很大，我沒吃完。

12點55分從花蓮發車。「自強號」是柴油客車，但我們要搭的「莒光號」則是機關車牽引客車，動力的震動不會從地板下傳上來，搭起來很舒適。列車靜靜地起動。

車廂內滿座，外表精悍的乘客相當引人注目。台灣東部正是阿美族等原住民族人口眾多的地區。

花蓮到台東距離一百七十・四公里。列車預計16點10分抵達台東，所以大概要花上三小時十五分鐘。

這一段路上的風景很單調，和之前的景色截然不同。以西側的玉山（三九九七公尺）為首、高峰連綿的中央山脈雲霧繚繞，東側則是南北狹長、低矮的海岸山脈，兩者之間既不寬也不窄的狹長平原上就鋪設著鐵道。

沿途有木瓜樹、芒果樹、香蕉樹等果園，也有椰子樹。這倒是和上次沒什麼不同。

水田即將要插秧，耕耘機奮力作業，水牛也不遑多讓。

越過北回歸線，14點40分停靠在玉里。這是花東線的主要車站，好幾組乘客下車。記得這座車站有寬廣的腹地和機關庫，如今卻不見蹤影。原本的地方正在蓋大醫院。雖然產生了這些變化，但沿線的景觀並未改變。明圓老弟正睡得香甜，看他這樣，我也跟著昏昏欲睡。

睡著也好，醒著也不錯，我很喜歡像這樣矇矇矓矓地隨著火車搖晃。

16點02分，抵達台東新站。這是隨著南迴線開通在郊外新蓋的車站，新線和往台東市區的舊線在這裡分歧。

我們目送著右側明天將搭乘的南迴線嶄新的路基，向左轉了個大彎，一靠近終點台東，便出現了林立的新公寓。

16點10分，準時抵達台東。「台東」這個名稱雖然氣勢十足，卻是完全不能和台北、台中、台南相比的小城市，十一年前人口還只有一萬。

樸素的小型車站建築、站前廣場的孫文銅像，這些都和上次一模一樣，令人懷念。

左手邊的興東園大飯店也是令人懷念的下榻處。我們對看了一眼，露出苦笑。上次住在這裡時，半夜還曾經因為有小姐敲門而傷腦筋。

到這裡為止都還是令人懷念的範圍，但台東市街的變化卻相當大。

原本只有道路寬敞、冷清的站前大馬路蓋起了幾幢四、五層的新大樓，寂寥的小鎮最終搖身變成了「都會」。和站前的大馬路交叉的街道也變成熱鬧的商圈，建築物當中還有很多大樓。

「真是讓人嚇一跳，跟之前的台東簡直完全不一樣了。」明圓老弟說。

和西岸的工業大城高雄有鐵道（南迴線）相接，馬路也重新整修，使過去像陸上孤島般的台東大幅進化。

我們小心翼翼地走在路上，但人行道上機車並排，實在不好走，要是走上車道，又會受到汽車威脅。台灣是靠右通行，這一點還要特別注意，在這座城市並沒有辦法悠閒地散步。

車站附近有市場，景象如故。上一次來的時候只有這邊最熱鬧，但這次一進到市場便感受到一股安詳。

掛著豬頭的肉鋪、肚子被切開的青蛙、色彩繽紛的南國水果⋯⋯一點也沒變。

我本來打算買一種奇形怪狀的不知名水果，卻跟顧店的年輕女生雞同鴨講，結果有個婆婆從裡面走出來對我們說日語。她說自己在日本統治時代雖然沒有上學，但就在那時學會了日語。

今天晚上要住在距離台東西邊二十公里的知本溫泉。要是秉持著依照上回行程的原則，照理說應該投宿在車站前的興東園大飯店，但我們還是希望避免可疑的女性造訪。如今台東變得富裕，雖然想知道是不是仍存在著那樣的女性，但也想一探台灣的溫泉鄉。

計程車（福特）加快速度，一下子就駛入山腳下的知本溫泉鄉。計程車資是四百元（一六〇〇圓），如果在日本，八成要花五千多圓。

即便在為數眾多的溫泉中，知本的名氣也足以比肩台北近郊的北投，還有許多西式旅館。日本旅行社推出的行程也有很多是在知本過夜。

我們投宿的是比較高級的知本大飯店，擁有自豪的露天溫泉和溫水游泳池。

先是來到露天溫泉。溫泉水無色無臭，溫度不高。接著參觀溫水游泳池，很多人攜家帶眷，興高采烈，今天是「觀光週」的最後一天。

溫水游泳池旁邊有近十個圓型的膠囊，叫作「蜜月室」，據說是提供雙人房客使用的。

我們被告知在另一棟餐廳吃晚餐，住宿費裡並不包含餐費。明明是溫泉旅館，住宿卻不供餐，這一點倒教人意外，但住宿費與餐費分開計算，其實就是像西式飯店那樣。不只是台灣，我在世界各地旅行，都沒有遇過像日本那樣提供「一泊二食」的。

第三天（二月二十二日，星期二）

天還沒亮我們就去了露天溫泉。已經有兩個日本大叔頭上頂著毛巾在泡湯，原來是來自熊本的遊客，搭遊覽車依序從台北、高雄、台東到花蓮觀光。

「到了這裡，也算是台灣的鄉下了啊。」對方這麼說。

儘管我們對台東和知本溫泉的熱鬧感到意外，但從西邊高度發展的地區繞過來的他們，和從東邊發展較慢的地區繞過來的我們，顯然有著相當不同的印象。

明圓老弟站起身，說道：「明天要不要去那邊的市場吃早餐？」我們上一次就是在那個站前市場裡的攤子吃東西，記得價錢便宜得不得了，而且意外地美味。

我們在早上八點搭計程車抵達市場。市場當然就要早上去，早市的活力可不是昨天的黃昏市場比得上的。即將被宰殺的青蛙和鰻魚也還活跳跳。

和在市場工作的人一起圍著桌子吃湯麵。俐落地煮麵的女性穿著一件運動服，把袖子捲了起來，她的容貌十分姣好，在這樣的市場一角工作實在可惜了。

湯麵要價二十五元（一百圓），好吃歸好吃，就是分量太多了，吃不完。

9點00分從台東發車，9點09分抵達台東新站。我們在這裡搭上9點19分開往高雄的「莒光號」。終於到了這一刻，可以搭乘此行的主要目標「南迴線」。

「莒光號」靜靜地駛出。我久違地品嘗著搭乘新路線的喜悅。不管是在日本或國外，這一點都不會改變，何況這個南迴線還是我兩次搭巴士通過的區間。把臉湊上窗前，簇新的道碴沐浴在早晨的陽光下，令人目眩。

這時明圓老弟說道：

「南迴線開通，變成一天就可以繞台灣一周了呢。」

不知道是不是因為待在溫泉旅館裡無所事事，他好像已經查過時刻表了。

其實我在買到時刻表那個晚上早就發現，要是搭乘7點20分自台北發車的「自強號」在台東、高雄轉乘，就可以在22點17分回到台北。原來明圓老弟也注意到了，真是了不起。他大概被我傳染了吧。

左邊窗外可以看到大海。由於中央山地沉降入海，海岸少平地，鐵軌於是鋪設在較高的地方。

由高處往下望，海面一片湛藍，地平線呈弧形。感覺像是久違地看到了真正的海。然而隨即又駛入了隧道，還以為過了，結果又是一座。據說南迴線九十八．三公里共有三十五座隧道，總長度達三十八公里。

偶爾會出現小型聚落，民宅聚集在自山上奔流而下的河川河口僅有的平原，是有椰子樹的聚落。

那裡還蓋了一座車站。南迴線雖然是單線，但車站內有好幾條側線，建築本身也非常氣派，上頭還有國旗飄揚。

10點18分自大武發車，終於要橫越西海岸。儘管已經接近台灣南端，但中央山地仍有海拔一千公尺。

接著進入了一鼓作氣貫通下方的「中央隧道」（八〇七〇公尺），是台灣最長的隧道。令人激賞的是這座隧道是雙線。應該是考量到現在南迴線運行的班次很少，就算是單線，要安排時刻表應該也不成問題，但運輸量一旦提升，對這樣的大型隧道來說就會造成瓶頸，因此規劃為雙線可說非常明智。相較之下，日本的鐵道建設就短視近利，欠缺長遠規劃，實在應該向南迴線看齊。話說回來，和日本不同的政府對於鐵道的態度本來就會不一樣。南迴線開通之際，李登輝總統還一馬當先試乘，並引以為傲地發表演講，而我們的青函隧道開通時，當時的首相竹下登卻視若無睹。

穿過中央隧道，又變回了單線。

地勢險峻，抬頭看向右邊是岩山，左邊沿著鐵橋和隧道往下則是谷底。

不久，南海出現在左邊窗外，「莒光號」則改變路線往北前進。

自車窗放眼望去，大海閃閃發光。海邊有一片片果園，寬廣的路邊則有椰子樹。民宅和東部相比更講究。

「根本就是加州呢。」

明圓老弟說道。

11點09分，列車停靠在枋寮。這裡是南迴線的終點，從枋寮起便是原本就有的路線。

枋寮往下是廣闊的平地，耕耘機雖然大為活躍，搶眼的卻是養殖池。台灣南部雖然也養蛇或青蛙，但最多的要屬鰻魚養殖場。有人說日本濱名湖一帶的養鰻場之所以沒落，就是因為輸給了台灣進口的鰻魚。

然而比起欣賞窗外的風景，明圓老弟更專注在查閱「時刻表」。這次雖然跟上次一樣預計住在台中，但高雄到台中間要搭的列車還有一項附帶條件。我們兩個莫名就說好了，這項條件便是——

之前搭的都是「自強號」或「莒光號」的優等列車，那麼從高雄到台中就搭次一等的「復興號」或鈍行列車吧。

要是條件只有這樣那還算容易，偏偏明圓老弟興沖沖地說「在高雄吃點好吃的吧」，但我可不想三更半夜才到台中，打算晚上六點半左右抵達，逛逛台中的夜間攤販。

經過幾番斟酌，高雄到台中間的兩百零六．八公里必須在四小時以內走完，那就得片刻不離手地緊盯著時刻表。

原本應該是由我來安排行程才對，結果卻變成我在挑剔明圓老弟的提議。高雄、台中到台北是台灣的主要幹線，班次就像新幹線開通以前的東海道本線那樣密集，各種列車你追我趕，我於是盤算著各種腹案。

越過高屏溪的長鐵橋，林立的煙囪近在眼前，沿線是工廠與集合式住宅，12點33分，抵達高雄。高雄是台灣第二大都市，人口有一百四十萬，是工業與貿易中心，據說在不久的將來甚至會超越台北。

明圓老弟帶我去的是高級飯店國賓大飯店的飲茶餐廳，他約兩年前來高雄出差時曾到這裡吃過飯。

一面俯瞰著高雄的街道，我們點了北京烤鴨。因為從昨天到現在都沒有吃到什麼講究的東西，所以顯得特別美味，只不過價格不便宜，比早上在台東市場吃的湯麵貴了四十幾倍。

飯後返回車站搭乘14點25分發車的「復興號」，是由電力機關車所牽引的列車，座位比起「莒光號」有些差強人意，但有朝前的雙人座，速度也和「莒光號」差不多，車資則便宜了兩成左右，因此相當受歡迎，乘坐率很高。乘客的穿著看起來都很普通。

車窗外，引人注目的仍是新蓋的工廠，在台南市一帶尤其顯眼。

椰子樹的枝幹變得低矮，16點02分抵達嘉義，我們下了車。

之所以在嘉義下車，是因為我想讓明圓老弟瞧瞧以這裡為起點的「阿里山森林鐵道」。

雖然要好好說明這個鐵道有點費力所以我跳過了，但年代這樣久遠的鐵道一直留存到二十世紀末，是非常難能可貴的。我第一次造訪台灣的時候當然也搭乘了，這是我從少年時代就一直憧憬的鐵道。

我和明圓老弟一起看著那軌距（兩條鐵軌之間的距離）六七二公釐[53]的細鐵軌，雖然也想看一眼小巧可愛的柴油客車，可惜已經不復存在。

我們在嘉義搭乘16點34分發車的「自強號」，越過濁水溪，在17點23分抵達彰化，又在這裡轉搭17點43分的普通車。電力機關車連結著老舊的客車，讓人遙想起以前的「火車」。車廂內有點髒又冷清，但座位是朝前的雙人座，前後的距離很寬敞，閉上眼睛的話，就有種乘坐綠色車廂的舒適感。

就這樣，我們搭到了「自強號」、「莒光號」、「復興號」以及普通車，總共四種列車。本來從彰化到台中就只有十七．六公里，不管搭哪一種列車，花費的時間都不會差太多。

18點11分抵達台中。台中的人口約八十萬，是僅次於台北和高雄的都市。上一次我也是第三天投宿在台中。

睽違十一年再度造訪台灣，這趟旅程也接近尾聲了，心想「又來到台中了呢」，一派輕鬆的我，睜大眼欣賞著車站前華麗又閃亮的霓虹。

我們今晚要住在中山公園對面的敬華大飯店。這是明圓老弟查了旅遊書後得到的結論，還先從高雄打電話預約。

由於離車站有一點距離，所以我們攔了計程車。上了年紀的司機說：「台中就是日本人打造的啊，台中站和東京站很像。」

敬華大飯店和希爾頓飯店等外資飯店不一樣，是洋溢著台灣風格的旅宿，雖然俗豔，卻又讓人感到自在。

既然來到台中，就不能不逛一下「柳川西路」的夜間攤販。台灣夜晚的風情就在台中的柳川西路，這麼說一點也不為過。和上次一樣，我們鼓足了勇氣邁開步伐。

話雖如此，柳川西路的攤子卻變得乏善可陳。上次宛如行人徒步區的馬路現在有汽機車來來去去，整排攤販被擠到路邊。儘管我的記憶有點模糊無法斷言，但這條路已經沒辦法讓人悠哉閒逛了。

我們上次被這條街的活力給鼓舞而吃了青蛙，這次卻沒有那種鬥志，吃的是水餃和炒麵，花個五十元（二〇〇圓）就很飽了。今天在台東的市場吃早餐花了二十五元，中午在高雄的高級飯店吃了貴上幾十倍的午餐，然後晚餐只花了五十元，落差實在很大。

53 應指七六二公釐。

第四天（二月二十三日，星期三）

今天是最後一天，我們要在台北機場搭乘14點25分的中華航空回日本。

欣賞了彷彿袖珍版東京站的台中站一番後，搭上了9點07分的「莒光號」。

以日本的情況來比喻的話，從台中往北就像在東海道本線關原附近那樣的山谷間與快速道路交錯行駛。那是連結台北和高雄的高速公路。

高速公路塞車，車輛像串珠般連在一起，和在日本一樣，但卡車比自用車還要多。

不把動彈不得的高速公路當一回事，「莒光號」準時在10點41分抵達新竹，我們要在這裡下車。新竹的人口有三十幾萬，是一座歷史悠久的古都，也是鐵道的要衝。

之所以在新竹下車，是為了和新竹站剪票員吳秋江先生見面。雖然說明理由有點難為情，但我十四年前撰寫的遊記《台灣鐵路千公里》的翻印版曾在台灣發行，因此收到了許多台灣讀者來信。

其中一位便是在鐵路局新竹站服務的吳先生，我當時回信寫道：「下次如果還有機會到台灣，將前去拜訪。」也因此這次才寫信給他，告知「二月二十三日早上十點半左右會到新竹」。

下了新竹站的月台，一位個子很高、上了年紀的人便勢不可擋地迎上前來——他正是吳先生。

畢竟是在戰前接受日語教育的世代，想當然不會太年輕。吳先生今年六十三歲，去年秋天自鐵路局退休，如今在新竹南邊約三十五公里遠的苗栗縣後龍鎮務農。我以為他是在新竹站服務才輕率地聯絡，沒想到他是特地遠道來新竹。

吳先生是個精神矍鑠的人，招呼我們進站務室，飛快地說話，滔滔不絕，而且日語很流利。也可能是因為我們表示要搭乘四十分鐘後的「自強號」離開，行程很緊湊吧。

下面就條列吳先生在這點時間內所提到的要點：

・他任職車長十七年後，通過升等考試，成為站務員，值勤二十四年，一共服務了四十一年。

・由於服勤期間沒有發生過任何事故而獲得「榮譽獎」，獲贈可以免費搭車的榮譽乘車證。吳先生還給我們看了那張乘車證，說是「一百個人裡面大概只有十五個人能得到」。

・鐵路局經營虧損，非得像日本那樣民營化不可。

・台北到高雄間計劃建造新幹線，但遲遲未能付諸實行。

・妻子六十一歲，孩子都念到大學畢業，長男在氣象局服務，次男是高中老師，長女和次女都是家庭主婦，共有三個孫子。

吳先生看來過得很幸福。

「下次來請住在我家。」吳先生說。我們和他告別，搭上11點24分自新竹發車的「自強號」，在11點59分抵達桃園。桃園是離台北國際機場最近的車站。

（《ALL讀物》，一九九四年五月號）

中華民國69年（1980年）2月2日刊行的《台灣鐵路 旅客列車時刻表》（作者所持有）

《台灣鐵路千公里》

單行本　一九八〇年十二月，角川書店刊行
文庫本　一九八五年八月，角川文庫刊行

〈台灣鐵路千百公里〉

《和火車散步》，一九八七年五月，新潮社刊行／一九九〇年六月，新潮文庫刊行

〈台灣一周兩人三腳〉

《椰子嬉笑，火車快飛》，一九八五年四月，文藝春秋刊行／一九八八年四月，文春文庫刊行

〈台灣一周，全線開通〉

《豪華列車往開普敦》，一九九八年七月，文藝春秋刊行／二〇〇一年六月，文春文庫刊行

台灣鐵路千公里 —完全版—

作　　者 — 宮脇俊三
譯　　者 — 陳介
審　　訂 — 古庭維
責任編輯 — 林蔚儒
美術設計 — 吳郁嫻
內文排版 — 簡單瑛設

出　　版 — 這邊出版／遠足文化事業股份有限公司
發　　行 — 遠足文化事業股份有限公司（讀書共和國出版集團）
地　　址 — 231 新北市新店區民權路 108-2 號 9 樓
電　　話 — (02)2218-1417
傳　　真 — (02)2218-8057
郵撥帳號 — 19504465
客服專線 — 0800-221-029
客服信箱 — service@bookrep.com.tw
網　　址 — http://www.bookrep.com.tw
法律顧問 — 華洋法律事務所　蘇文生律師
印　　製 — 呈靖彩藝有限公司
定　　價 — 新台幣 480 元
I S B N — 978-626-97669-8-7（紙本）
978-626-97669-9-4（PDF）
978-626-98580-0-2（EPUB）

初版二刷　2024 年 5 月
Printed in Taiwan

國家圖書館出版品預行編目 (CIP) 資料

台灣鐵路千公里 / 宮脇俊三作 ; 陳介譯 ; 古庭維
審訂 -- 初版 . -- 新北市 : 這邊出版 , 遠足文化事
業股份有限公司 , 2024.05
296 面 ; 14.8×21 公分
完全版
ISBN 978-626-97669-8-7 (平裝)

1. CST: 火車旅行　2. CST: 台灣遊記

733.6　　113003361